Wort und Bild, Band 4: Passion Jesu

Passion Jesu

Bilder zur Passion Jesu
mit Texten
aus den vier Evangelien

Zusammengestellt
und mit begleitenden Texten versehen
von Heike Ostarhild

© 2000 Legat-Verlag Erhard Gaß, Tübingen
Graphische Gestaltung: Alexander Frank und Heike Ostarhild, Tübingen
Herstellung: Gulde-Druck GmbH, Tübingen
ISBN 3-932942-03-5

DANK

Viele Fachleute erklären in Kirchen und Museen Kunstwerke aus allen Epochen, so daß auch kunsthistorische Laien beeindruckt sind von den Gedanken und Gefühlen, die Gemälde und Statuen vermitteln können. Die dabei erworbenen Kenntnisse über die Entstehung, Bedeutung und Wirkung von Bildern machen auch aus einem wißbegierigen Zuhörer noch keinen Experten, sie helfen ihm aber, die kulturelle Entwicklung Europas besser zu verstehen.

Überraschenderweise wurde der Wunsch, solche Informationen auf allgemein verständlichem Niveau auch in Büchern wiederzufinden, lange Zeit nur wenig beachtet. Dies führte mich im Laufe der Jahre zu dem Entschluß, Interessierten eine Buchreihe über christliche Kunst anzubieten. Die Beschränkung auf den kirchlichen Bereich erscheint sinnvoll, weil sich die Kunst in unserem Kulturkreis über viele Jahrhunderte hinweg fast ausschließlich mit religiösen Motiven beschäftigte.

Konkrete Anregungen zu dem Vorhaben erhielt ich durch sachkundige Führungen in Kirchen und Museen, aber auch bei vielen anderen Anlässen.

Seit ich nun das Programm ernsthaft in Angriff genommen habe, sind mir von vielen Seiten in uneigennütziger Weise tatkräftige Hilfe und wertvolle Beratung zuteil geworden, ohne die eine Verwirklichung der Pläne nicht möglich gewesen wäre.

Ich sehe mich deshalb vielen Menschen zu Dank verpflichtet.

Es wäre ungerecht, nur einige aufzuführen und viele andere unerwähnt zu lassen.
Ich danke daher ohne Namen zu nennen allen,
die zu meinem Entschluß, oft ohne es zu wissen, beigetragen haben und allen,
die mir auf irgendeine Art und Weise
beim Vorbereiten und Verlegen der Bücher geholfen haben.

Erhard Gaß

ZUR BUCHREIHE ‚WORT UND BILD‘

Die Kunst des Abendlandes befaßte sich von der Spätantike bis in die Neuzeit hinein fast ausschließlich mit christlichen Motiven. Und auch später beschäftigten sich Maler, Bildhauer und Graphiker oft mit religiösen Themen. Vielen modernen Menschen sind diese Kunstwerke in den Kirchen und Museen fremd geworden, weil ihnen oftmals das Wissen fehlt, das die Voraussetzungen für das Verstehen christlicher Kunst schafft.

Die mit diesem Buch fortgesetzte Reihe soll allen Interessierten den Zugang zu diesem Bereich unserer Kunst und Kultur erleichtern. Dazu wird an Beispielen gezeigt, wie während der 2000 Jahre, die seit Christi Geburt vergangen sind, Künstler das biblische Wort in Bilder umgesetzt haben.

Bei der Auswahl wurde angestrebt, die verschiedenen künstlerischen Techniken ebenso zu berücksichtigen wie die bedeutenden Epochen der abendländischen Kultur. Bei der großen Zahl der in Frage kommenden Kunstwerke muß aber jede Entscheidung subjektiv bleiben.

Die Bibeltexte sollen von allen wichtigen Ereignissen berichten, die in den vier Evangelien zum Thema des Buches enthalten sind. Auch bei dieser Auswahl könnte man sicherlich aus gutem Grund zu einer anderen Zusammenstellung kommen.

Um dem Leser den Einstieg zu erleichtern, werden zu den im Text grau gekennzeichneten Begriffen kurze Erklärungen gegeben, die der Kundige überschlagen möge.

Der Verleger

ZU DIESEM BUCH

In der christlichen Heilsgeschichte sind die Ereignisse während der letzten Tage Jesu auf Erden wichtige Stationen auf dem Weg zur Auferstehung am Ostermorgen. In der Kunst der vergangenen 2000 Jahre nehmen daher Werke mit Themen wie das letzten Abendmahl, der Prozeß gegen Jesus oder seine Kreuzigung einen besonders breiten Raum ein. Diese Motive bilden auch den Schwerpunkt des vorliegenden Buches. Ergänzt werden sie durch weniger bekannte Szenen oder Handlungen, die in der Bibel nicht weiter erläutert sind, so die Entkleidung Jesu oder die Kreuzannagelung.

Den Schluß bilden mehrere Kunstwerke zur Höllenfahrt und Auferstehung, die thematisch nicht mehr zur Passionsgeschichte gehören. Da jedoch das Leiden und Sterben Jesu seine Erfüllung in der Überwindung des Todes findet, sind sie hier als eine Überleitung zum fünften Band dieser Reihe – ‚Der auferstandene Christus in Wort und Bild' – gedacht.

Die große Auswahl an Kunstwerken ermöglichte es, verschiedene künstlerische Techniken zu berücksichtigen und diese dem Leser nahezubringen. Durch die vielfältigen Darstellungen wird zudem ersichtlich, wie unterschiedlich die Künstler die Themen umsetzten und so ihrem Auftrag, dem jeweiligen Zeitgeschmack oder auch ihrer persönlichen Auffassung gerecht wurden.

In diesem Buch werden die Abbildungen zur Passion Jesu Christi von einleitenden Bibelzitaten aus allen vier Evangelien der ‚Gute Nachricht Bibel' begleitet. Ihre Zuordnung hing sowohl von der chronologischen Reihenfolge der Passionsgescheh-nisse, als auch von der inhaltlichen Übereinstimmung mit dem Gezeigten ab (siehe auch Seite 137f). Bei den Bildern ohne biblischen Hintergrund wird in den Texten, soweit möglich, auf die Quelle verwiesen.

Heike Ostarhild

DIE LETZTEN TAGE

Zur Zeit Jesu lebten im Gebiet zwischen dem See Gennesaret im Norden und dem Toten Meer im Süden viele Völker mit verschiedenen Religionen zusammen. Als die Juden in die babylonische Gefangenschaft geführt worden waren, hatten Nachbarvölker die freigewordenen Häuser und Felder in Besitz genommen. Kriege führten Fremde ins Land, die sich nach den Kämpfen dort niederließen. Schließlich waren die Römer als Eroberer gekommen und herrschten als Besatzungsmacht in der Provinz Judäa.

Die Juden mußten in unmittelbarer Nachbarschaft mit Menschengruppen leben, die zu fremden Gottheiten beteten. Um so mehr bemühten sich die frommen unter ihnen, die Gebote der Heiligen Schrift zu befolgen. Andere wünschten sich einen eigenen jüdischen Staat und hofften auf eine Vertreibung der römischen Legionen. Eine dritte Gruppe hatte sich jedoch durch Zusammenarbeit mit den Besatzern Einfluß und Reichtum verschafft und war damit an einer Veränderung der Verhältnisse nicht interessiert. Zu den Frommen gehörten insbesondere die Pharisäer, zu den politisch Motivierten die Zeloten und zu den Nutznießern des bestehenden Zustandes die Sadduzäer und der König Herodes.

In dieser konfliktreichen Situation rechneten viele Menschen mit dem Kommen des Messias, der von den Propheten angekündigt worden war. Manche hofften auf eine religiöse Erneuerung und die Errichtung eines Gottesstaates auf Erden, andere ersehnten die Wiederherstellung des jüdischen Großreiches, wie es unter den Königen David und Salomo bestanden hatte. Zwischen diesen beiden extremen Vorstellungen gab es viele Abstufungen, allen Erwartungen gemeinsam war aber, daß die Veränderung deutlich sichtbar in der materiellen Welt stattfinden würde. Immer wieder gaben sich Abenteurer und Schwärmer als Messias aus und versuchten – oft mit Gewalt – ihre Ziele durchzusetzen.

So ist es verständlich, daß zunächst nur wenige an Jesus glaubten, da seine Bestimmung von geistlicher Natur war und es hierfür keine weltlich faßbaren Beweise gab. Seine Lehre erregte Ärgernis bei den Frommen, weil er einige der über sechshundert Gebote in den Büchern Mose anders als die Pharisäer auslegte. Für diese Streitgespräche interessierten sich die Sadduzäer und die Zeloten kaum.

SALBUNG IN BETANIEN

Sechs Tage vor dem Passafest kam Jesus wieder nach Betanien, dem Ort, wo Lazarus wohnte, den er vom Tod auferweckt hatte. Die Geschwister hatten Jesus zu Ehren ein Festessen vorbereitet. Marta trug auf, während Lazarus mit Jesus und den anderen zu Tisch lag. Maria aber nahm eine Flasche mit reinem, kostbarem Nardenöl, goß es Jesus über die Füße und trocknete diese mit ihrem Haar. Das ganze Haus duftete nach dem Öl. Judas Iskariot, einer von den Jüngern, der Jesus später verriet, sagte: „Warum wurde dieses Öl nicht für dreihundert Silberstücke verkauft und das Geld an die Armen verteilt?" (...) Jesus sagte: „Laß sie in Ruhe! Nach Gottes Willen hat sie dieses Öl für den Tag meines Begräbnisses aufbewahrt!" Und an alle Jünger gewandt fügte er hinzu: „Arme wird es immer bei euch geben, aber mich habt ihr nicht mehr lange bei euch."
Johannes 12,1-8

> Passafest: Jüdisches Fest zum Gedenken an den Auszug aus Ägypten.
> Nardenöl: Ätherisches Öl, das aus verschiedenen wohlriechenden Pflanzen hergestellt wird.

Der Maler Johann Friedrich Overbeck wurde 1789 in Lübeck geboren. Er gründete 1809 in Wien aus Protest gegen die dortige Kunstakademie zusammen mit Franz Pforr und anderen Künstlern den Lukasbund. 1810 zogen sie nach Rom, um die italienische Malerei des 15. und 16. Jahrhunderts zu studieren und nach diesen Beispielen eine ‚neudeutsch-religiös-patriotische' Kunst zu schaffen. Wegen ihrer altmodischen Kleidung und Barttracht wurden die Lukasbrüder spöttisch ‚Nazarener' genannt. Overbeck hielt bis zu seinem Tod 1869 unbeirrt an seinen Vorbildern aus der frühen Neuzeit fest.

1845 oder 1846 entstand sein Gemälde ‚Magdalena salbt Christus die Füße'. Im Hintergrund öffnet sich ein breites Fenster zu einer bergigen Landschaft mit einer Befestigungsanlage. Davor haben sich Jesus und die Männer, die zu dem Essen im Hause des Lazarus eingeladen sind, an Tischen niedergelassen. Die meisten Teller sind bereits leer, und zum Abschluß bringt ein Diener eine Schale mit Früchten. Die Gäste scheinen über das Ereignis nachzusinnen, das sich vor ihren Augen abspielt.

Jesus ruht in der Mitte auf einer Liege. Sein Gesicht ist verklärt, und ein sehr

feiner Heiligenschein schwebt über dem Haupt. Vor ihm kauert ehrfürchtig Maria Magdalena. Sie trocknet mit einer Strähne ihrer langen Haare die Füße Jesu, die sie zuvor mit Nardenöl aus einer verzierten Dose gesalbt hat.

Christus deutet mit der linken Hand auf die Frau und erhebt segnend seine rechte. Durch diese Gesten lenkte Overbeck die Aufmerksamkeit auf Maria Magdalena und ihre Handlung: die bedeutungsvolle Salbung in Vorausahnung des Todes Jesu. Zudem wehrt Jesus mit dem Segensgestus die Einwände des Judas ab, der aufrecht hinter dem Gottessohn steht und der vermeintlichen Geldverschwendung mißbilligend beiwohnt. Der Jünger wirkt durch seine verschlossene, blockhafte Haltung wie ein Fremdkörper in der Runde. Es wird klar, daß Judas die Bedeutung Jesu nicht begreift und eine Außenseiterposition einnimmt.

EINZUG IN JERUSALEM 1

Am nächsten Tag hörte die große Menge, die zum Passafest gekommen war, Jesus sei auf dem Weg nach Jerusalem. Da nahmen sie Palmzweige, zogen ihm entgegen vor die Stadt und riefen laut: „Gepriesen sei Gott! Heil dem, der in seinem Auftrag kommt! Heil dem König Israels!" Jesus aber fand einen jungen Esel und setzte sich darauf, so wie es schon in den Heiligen Schriften heißt: „(...) Sieh, Dein König kommt! Er reitet auf einem jungen Esel."
Johannes 12,12-15

Zu Riemenschneider und dem Heiligblutaltar siehe auch die Bilder 13 und 18.

Tilman Riemenschneider gehört zu den bekanntesten und erfolgreichsten spätmittelalterlichen Bildhauern. Um 1460 in Heiligenstadt geboren und in Osterode aufgewachsen blieb er nach einem Besuch in Würzburg. Dort wurde der begabte junge Mann schon bald nach Abschluß seiner Lehre in die Zunft aufgenommen. Riemenschneider war auch im Stadtrat aktiv und wurde 1520 zum Bürgermeister gewählt. 1531 starb er jedoch verarmt in Würzburg, nachdem er sich im Bauernkrieg für die Rechte der Aufständischen eingesetzt hatte.

Eines seiner Hauptwerke ist der Heiligblutaltar von 1505, der als Reliquienschrein für einen Tropfen vom Blut Jesu dienen sollte. Der linke Flügel zeigt ‚Christi Einzug in Jerusalem'. Das unbemalt belassene Relief wurde nicht vom Meister selbst geschaffen, sondern entstammt seiner Werkstatt.

Vor einer felsigen Landschaft reitet Jesus auf einem Esel auf das Stadtor von Jerusalem zu. Seine Jünger stehen hinter ihm zusammengedrängt. Jakobus der Ältere, mit Muschel und Pilgerhut, schließt die Gruppe hinten ab. Petrus, zu erkennen an der Stirnlocke, hält Johannes zurück. Beide zögern, die Stadt zu betre-

ten, und auch die anderen Jünger wirken beunruhigt. Das hochgezogene Stadttor mit den scharfen Spitzen erinnert an eine Falle, die jeden Moment zuschnappen kann.

Mindestens ebenso dicht an dicht stehen die Männer unter dem Torbogen. Manche scheinen über das Kommen Jesu nicht erfreut zu sein. Ein Mann mit auffällig bestickter Kappe hält die Neugierigen davon ab, auf Jesus zuzueilen. Nur einer wagt sich mit vorsichtigem Schritt vor das Tor, um dem Messias entgegenzutreten und seinen weiten Mantel unter die Hufe des Esels zu legen. Mit erhobener Hand segnet Jesus die Menschen in der Stadt.

Auf einem Baum sitzt der kleinwüchsige Zachäus, der Jesus eigentlich am Stadttor von Jericho empfangen hatte. Dort wurde der Zolleinnehmer von seinen Sünden freigesprochen (Lukas 19,1-10). Diese Szene wurde häufig auf den Einzug in Jerusalem übertragen, da sie auf die Vergebung der Sünden durch den Tod Jesu am Kreuz verweist.

Bild 2
***Christi Einzug in Jerusalem** (1505)*
Tilman Riemenschneider (1460-1531)
Lindenholz, ca. 200 x 90 cm
Rothenburg ob der Tauber
St.-Jakobs-Kirche, Heiligblutaltar
Innenseite des linken Altarflügels

13

EINZUG IN JERUSALEM 2

Als Jesus dann an die Stelle kam, wo der Weg den Ölberg hinunterführt nach Jerusalem, brach die ganze Menge der Jünger, die Männer und Frauen, in lauten Jubel aus. (...) Sie riefen: „Heil dem König, der im Auftrag des Herrn kommt! Gott hat Frieden bereitet im Himmel! Ihm in der Höhe gehört alle Ehre!" Ein paar Pharisäer riefen aus der Menge: „Lehrer, bring doch deine Jünger zur Vernunft!" Jesus antwortete: „Ich sage euch, wenn sie schweigen, dann werden die Steine schreien!" Lukas 19,37-40

Über den um 1500 in Amsterdam geborenen Maler Jan van Amstel ist nur wenig bekannt. 1528 wird er als Meister der Lukasgilde genannt und wenige Jahre später als Bürger von Antwerpen. Er starb um 1542. Jan van Amstel malte vor allem Weltbilder, in die zahlreiche Einzelszenen von biblischen Ereignissen eingebettet sind. Sein wohl bekanntestes Gemälde ist der ,Einzug Christi in Jerusalem', das nur wenige Jahre vor seinem Tod entstand.

Eine weite Landschaft erstreckt sich bis zum dunstigen Horizont. Vögel ziehen durch die Luft und begleiten Christus auf dem Weg hinab ins Tal, wo schon die Stadt zu sehen ist. Auf dem Ölberg haben sich zahlreiche Menschen versammelt, um Jesus und seine Jünger zu begrüßen. Manche gehen schon nach Jerusalem voraus, andere sind links noch auf der sich lang hinziehenden Straße unterwegs. Auf diese Weise hat sich ein ansehnlicher Festzug gebildet.

Es ist nicht ganz einfach, den Heiland in der Menge auszumachen. Seiner Bedeutung entsprechend befindet sich Jesus in der Bildmitte, vor dem kleinen mit Bäumen bewachsenen Hügel. Er reitet im blauen Gewand auf einem Esel. Mit der rechten Hand beschattet er seine Augen, um nach der Stadt Ausschau zu halten. Ihm zu Ehren reißen die

Menschen Zweige der umstehenden Bäume ab, um sie neben die ausgebreiteten Mäntel vor die Hufe seines Reittiers legen. Die Jünger sind nicht zu erkennen, sie verlieren sich unter dem Volk. Auch die im Bibeltext genannten Pharisäer können nicht genau bestimmt werden, vielleicht sind es die Reiter auf der rechten Anhöhe, die über Jesus und die ihm entgegengebrachte Ehrerbietung zu reden scheinen.

Alltägliche Szenen spielen sich neben diesem großen Ereignis des Zugs nach Jerusalem ab: Am linken Bildrand verkauft ein Händler seine Tongefäße, und eine Frau bietet den Durstigen Wasser an. Daneben zieht ein Kind auf einem Ast ein weiteres hinter sich her.

Anderes, scheinbar nebensächlich Dargestelltes, ist von symbolischer Bedeutung: Das Lamm, das ein Mann am vorderen Bildrand über der Schulter trägt, soll wohl im Tempel in Jerusalem geopfert werden. Die Vögel im Käfig daneben erwartet das gleiche Schicksal. Als Sinnbilder stehen diese Tiere hier für den Opfertod Jesu.

Bild 3
Einzug Christi in Jerusalem *(um 1540)*
Jan Aertson van Amstel (um 1500 - um 1542)
Eichenholz, 93 x 103 cm
Stuttgart, Staatsgalerie

Lukasgilde: Eine Malerzunft im Mittelalter, die den heiligen Lukas als Schutzpatron hatte. Der Evangelist Lukas soll nach einer im 6. Jahrhundert aufgezeichneten Legende noch zu Lebzeiten Marias ein erstes Portrait von ihr gemalt haben.

Weltbild: Landschaftsbild aus der Vogelperspektive, in das die eigentliche, oft biblische Handlung zwischen vielen kleinen Menschengruppen und Schauplätzen eingebettet ist. Der Sinn dieser Darstellung liegt darin, die globale Tragweite des Geschehens zu veranschaulichen.

Die abgebildete Email tafel war in ein Antependium aus getriebenem Silber eingelassen, das die Ordensschwester Maria von Gott (Ernst) 1965 für das Kloster Karmel ‚Maria vom Frieden‘ in Köln anfertigte. Da dieses moderne Kunstwerk angeblich nicht zum Hochaltar passe, wurde es in einer Seitenkapelle als Wandschmuck angebracht. Eines der zwölf Bilder zum Leben Jesu zeigt den ‚Einzug in Jerusalem‘ am Palmsonntag.

Das Blau des Himmels beherrscht den Hintergrund des Bildes. Eine niedrige Hügelkette und ein Baumstamm deuten an, daß sich Jesus noch außerhalb der Stadt befindet. Mit erhobener Hand segnet er den Weg, der vor ihm liegt, und stellt sich so den kommenden Ereignissen.

Der Esel, der treu seine Last trägt, ist verhältnismäßig klein abgebildet. Nicht seine realistische Wiedergabe ist wichtig, sondern seine Funktion als das Tier, das zwar den Erlöser trägt, aber unwissend bleibt. Mit gespitzten Ohren und weit aufgerissenen Augen blickt er seinem Ziel entgegen, ohne dessen Bedeutung zu erkennen. Bereits bei der Geburt Jesu – damals stand dem Esel noch ein Ochse zur Seite – repräsentierte er die menschliche Uneinsichtigkeit. Das Grautier verkörpert auch die Sündhaftigkeit der Menschen, die der Grund für den Opfertod Jesu war.

Feine Umrißlinien geben dem Bild eine feste Struktur. Sie grenzen auch die Farben voneinander ab, die innerhalb der Flächen vielfach abgestuft sind und dem Bild Lebendigkeit sowie etwas Räumlichkeit verleihen.

Die leuchtenden Farben der Emailtechnik sind von starker Symbolkraft: Das frische Grün des Zweiges am Baum verweist auf die Hoffnung, die sich auf das Kommen des Heilands richtet. Neben dem stumpfen Grau des verständnislosen Esels sind das rotviolette Gewand und das Kreuz im Heiligenschein besonders augenfällig. Rot ist die Farbe des Blutes und der Passion, Violett steht für die Trauer, die Jesus in Erwartung seines Todes am Kreuz umgibt. Sein weißes Unterkleid symbolisiert seine Schuldlosigkeit und das schwache blaue Widerscheinen des Himmels darin bezeugt die anhaltende Verbundenheit des menschgewordenen Jesu mit Gottvater. Das Gold seines Gesichts, seiner Hände und Füße entspricht der traditionellen Farbe des Göttlichen.

> Email: Gefärbtes Glas wird in pulverisierter Form auf Metall aufgebracht und dann geschmolzen. Schmale Stege umschließen die einzelnen Flächen, um das Ineinanderlaufen der Farben zu verhindern und dem Bild Umriß- und Binnenlinien zu verleihen.
> Antependium: Verzierte Verkleidung der Vorderseite, seltener der Seitenflächen eines Altars mit Stoff, Holz oder Metall. Antependien sind meist aus kostbarem Material hergestellt und von hohem künstlerischen Wert.
> OCD: Anfangsbuchstaben von ‚Ordo carmelitarum discalceatarum‘, lateinisch für ‚Orden der Unbeschuhten Karmeliterinnen‘.

Bild 4 **Einzug in Jerusalem** *(1965)*
Schwester Maria von Gott (Ernst) OCD (1904-1981)
Emailtafel, 15,5 x 10,3 cm, Köln, Kloster Karmel ‚Maria vom Frieden'

DIE VERTREIBUNG DER HÄNDLER UND WECHSLER AUS DEM TEMPEL 1

**Jesus ging in den Tempel und trieb alle Händler und Käufer hinaus. Er stieß die Tische der Geldwechsler und die Stände der Taubenverkäufer um. Dazu sagte er ihnen: „In den Heiligen Schriften steht, daß Gott erklärt hat: ‚Mein Tempel soll eine Stätte sein, an der die Menschen zu mir beten können!‘ Ihr aber macht eine Räuberhöhle daraus!"
Matthäus 21,12-13**

Der Maler Jan Sanders van Hemessen gehört zu den wichtigsten Vertretern des flämischen Manierismus. Er wurde 1500 in Hemessen geboren und bis 1548 mehrfach in den Listen der Lukasgilde von Antwerpen genannt. Um 1565 starb er wahrscheinlich in Harlem, wo er sich etwa fünfzehn Jahre zuvor niedergelassen hatte. Leider können Hemessen nur wenige Kunstwerke sicher zugeschrieben werden; dazu gehört das Gemälde „Jesus vertreibt die Wechsler aus dem Tempel" von 1556.

Im Vorhof des Tempels tauschen Pilger ihr römisches Geld mit dem Portrait des Kaisers gegen Münzen, die nicht gegen das jüdische Bilderverbot verstoßen und dargebracht werden dürfen. Händler verkaufen Schafe, Rinder und Tauben als Opfertiere. Während im Hintergrund die Geschäfte ungestört weiter laufen, findet dieses Treiben vorne ein rasches Ende. Jesus holt mit der Geißel in der Hand weit aus, aber schon bevor er wirklich zuschlägt, stürzen bereits die Tische um. Wie von einer unsichtbaren Welle werden die Wechsler und Händler mit ihren Tieren, Büchern und Geldkassen weggefegt.

Die ganze linke Bildhälfte wird von Jesus beherrscht, der sich von den anderen Figuren durch seine Größe abhebt. Er ist als einziger nicht Teil einer Menschengruppe und zieht so den Blick auf sich. Durch diese Herausstellung wird seine Gestalt zum festen Maßstab für die Personen, Tiere und Gegenstände im Gemälde, die jeweils für sich allein betrachtet räumlich kaum eingeordnet werden können. Dies ist besonders deutlich an der Gruppe der Jünger zu sehen, die angesichts des Handelns ihres Herrn fassungslos am linken Rand stehen und geradezu übereinandergestapelt erscheinen. Tiefe erhält das Bild lediglich durch die Architektur im Hintergrund und die Verkleinerung der Menschen.

Die unnatürlich verrenkten Haltungen und gekünstelten Gesten der Händler und Käufer ergeben sich durch die außergewöhnliche Perspektive. Hemessen zeigte hier sein Können in der extremen Verkürzung der Gliedmaßen, die annähernd parallel zur Blickrichtung angeordnet sind. Sogar die Finger der linken Hand Jesu malte der flämische Künstler so abgewinkelt, daß sie aus dem Bild herauszuragen scheinen. Entsprechend den Vorstellungen des Manierismus strebte der Maler nicht Natürlichkeit und perfekte Raumillusion an, sondern er wollte die Szene möglichst dramatisch wiedergeben und mit bisher ungewohnten Details auffallen. Als manieristische Spielerei gilt auch das doppelte Auftreten Jesu am selben Handlungsort. Zusammen mit seinen Jüngern betritt er hinten links – erkennbar an seinem Heiligenschein – den Tempelhof.

Bild 5
Jesus vertreibt die Wechsler aus dem Tempel *(1556)*
Jan Sanders van Hemessen (um 1500 - um 1565)
Öl auf Holz, 171 x 222 cm
Nancy, Musée des Beaux-Arts

Manierismus: Besonders in Italien und Frankreich zwischen 1520 und 1600 verbreitete Kunstrichtung. Bezeichnend für diese Stilepoche sind vor allem überlängte, gedrehte Figuren in spannungsreichen Szenen, außergewöhnliche Blickwinkel und Lichteffekte. Die Künstler brachen mit den überlieferten Regeln hinsichtlich Inhalt und Gestaltung ihrer Werke und versuchten Neues, bisher noch nicht Dagewesenes zu schaffen.

DIE VERTREIBUNG DER HÄNDLER UND WECHSLER AUS DEM TEMPEL 2

Da machte er aus Stricken eine Peitsche und trieb sie alle aus dem Tempelbezirk, mitsamt ihren Rindern und Schafen. Er fegte das Geld der Wechsler zu Boden und warf ihre Tische um. Den Taubenverkäufern befahl er: „Schafft das hier weg! Macht aus dem Haus meines Vaters keine Markthalle!"
Johannes 2,15-16

Cosmas Damian Asam wurde als Sohn einer berühmten deutschen Künstlerfamilie 1686 in Benediktbeuren geboren. Nach der Lehre bei seinem Vater arbeitete er vor allem als Maler und Architekt. Zusammen mit seinem Bruder Egid Quirin gilt er als einer der wichtigsten Vertreter des bayerischen Barock. Cosmas Damian Asam starb 1739 in München. Vier Jahre vor seinem Tod malte er unter der Orgelempore der Basilika St. Margaretha in Osterhofen das Gewölbefresko ‚Tempelaustreibung'.

Wie das Johannes-Evangelium berichtet, hat Jesus einen Strick zur Geißel geschlungen. Mit erhobener Hand holt er zum Schlag aus und stürzt sich auf die Händler und Wechsler im Tempel. Ein Mann versucht gebückt den Schlägen zu entkommen, ein anderer fällt rücklings vom Podest. Dabei reißt er einen Schemel mit und verliert Spielkarten, die das Laster versinnbildlichen, das ins Haus Gottes eingezogen ist. Fast scheint es, der Mann stürze wirklich in den Kirchenraum hinunter.

Bis auf einen einzelnen Pilger mit flachem Hut und Wanderstab weichen die Tempelbesucher an den seitlichen Bildrändern erschrocken zurück. Sie schimpfen mit wutverzerrten Gesichtern über Jesu Handeln. Die stillende Mutter auf der Schwelle unter dem Tempelpodest beugt sich schützend über ihr Kind. Tauben, Schafe und ein Hund werden

aufgeschreckt, manche davon versuchen, in ein Kellergewölbe zu flüchten.

Die Jünger im Hintergrund dagegen nehmen an dem Geschehen nicht unmittelbar teil. Nur der blaue, wehende Mantel Jesu lenkt den Blick auf die farblich blassen Jünger, und der Bogen über ihnen umschließt sie wie ein Heiligenschein. Sie gleichen Beobachtern aus einer anderen Sphäre, die als Zeugen des heiligen Geschehens unter dem Schutz Gottes stehen.

Bei der Staffelung der ‚Tempelaustreibung' in verschiedene Ebenen war für Asam die korrekte Wiedergabe der Perspektive zweitrangig. Das Handeln Jesu sollte möglichst effektvoll und mit viel Theatralik veranschaulicht werden. Während im Vordergrund eher kräftige Farben dominieren, erscheint der Gottessohn mit seinem hellen Strahlenkranz und dem lichten Blau seines Umhangs – Symbolfarbe des Himmels – als geistige Gestalt. Der Blick soll sich vom Dunklen ins Helle, vom Irdischen zum Göttlichen richten. Christus wird im Bild von mächtigen Säulen eingerahmt, um ihn zusätzlich hervorzuheben. Am Scheitelpunkt des Freskos symbolisiert Mose mit den Gesetzestafeln die Gebote Gottes, denen Jesus wieder Geltung zu schaffen versucht.

Die Besucher der Kirche müssen fast senkrecht nach oben blicken, um Asams

Bild 6
Tempelaustreibung *(um 1731)*
Cosmas Damian Asam (1686-1739)
Fresko, Osterhofen-Altenmarkt (Bayern)
Basilika St. Margaretha

Werk betrachten zu können. Durch die Anpassung des Blickwinkels im Bild an die tatsächlich vorhandene Untersicht verbindet sich das Fresko harmonisch mit der Architektur, die es umgibt.

Barock: (portugiesisch barucca = unregelmäßige Perle) Kunststil von etwa 1580 bis um 1730. Charakteristisch sind die dramatischen Übersteigerungen der Bildinhalte ins Theatralische und Pompöse. In kirchlichen Gebäuden war	es vor allem die Illusion des Blickes ins Jenseits, den die Gläubigen erfahren sollten. Fresko: (italienisch al fresco = frisch) Wandmalerei, bei der die Farben auf den noch nassen Putz aufgetragen werden.

VERRAT DES JUDAS 1

Da kamen die führenden Priester und die Ältesten des Volkes im Palast des Obersten Priesters zusammen. Sie faßten den Beschluß, Jesus heimlich zu verhaften und umzubringen. „Aber auf keinen Fall darf es während des Festes geschehen", sagten sie, „sonst gibt es einen Aufruhr im Volk." (...) Darauf ging Judas Iskariot, einer aus dem Kreis der Zwölf, zu den führenden Priestern und sagte: „Was gebt ihr mir, wenn ich ihn euch in die Hände spiele?" Sie zahlten ihm dreißig Silberstücke. Von da an suchte Judas eine günstige Gelegenheit, Jesus zu verraten.
Matthäus 26,3-5 und 14-16

Über Barna da Siena, einen Maler des 14. Jahrhunderts, ist nur wenig bekannt. Zwischen 1340 und 1350 war er nachweislich in Siena tätig. Wahrscheinlich verunglückte er 1351 bei Arbeiten in der Kirche Santa Maria Assunta in San Gimignano tödlich, so daß dort sein Freskenzyklus über das Leben und die Passion Christi unvollendet blieb. Den ‚Verrat des Judas' hat der Künstler jedoch fertiggestellt.

Unter dem Dach der Tempelvorhalle erhält Judas den Lohn für seinen Verrat. Wie auf einer Bühne drängen sich der Jünger, die Hohepriester und deren Begleiter auf engem Raum vor einer Wand mit verzierten Spitzbögen und Maßwerk -Fenstern. Hinter den beiden einflußreichen Juden, die sich gerade mit Judas verbünden, sind mehrere Personen versammelt. Sie sind fast symmetrisch angeordnet; ihre Körper und Köpfe formieren einen dichten Halbkreis, der die verschworene Gemeinschaft der Männer betont. Judas schließt rechts die Gruppe ab. Ihm gegenüber beugt sich ganz links ein Mann aus dem Gefolge der Hohepriester vor und bekräftigt das Bündnis eifrig mit erhobener Hand. Allen steht der Verrat ins Gesicht geschrieben.

Judas bildet zusammen mit den Priestern eine Dreiergruppe. Der Geistliche links zahlt ihm seinen Lohn aus. Münze für Münze entnimmt er dem Geldsack und zählt die Silberlinge in die Hand des Verräters. Dahinter besiegelt der andere Priester mit seiner Geste den geschlossenen Pakt und scheint mit den Händen symbolisch bereits nach dem Leben Christi zu greifen. Judas aber interessiert sich jetzt nur für das Geld, das er gierig anstarrt und wohl in seinem bereits gehobenen Überwurf verschwinden lassen will.

Lange Zeit war es üblich, wie bei Barna da Sienas Fresko das Handeln des Judas als hinterhältigen Schlag gegen Jesus auszulegen. Von manchen Gelehrten wurde der Verrat des Jüngers aber anders erklärt: Für den Apostel war Christus der Messias, der gekommen war, um das Land von Herodes und den römischen Besatzern zu befreien. Judas wollte demnach seinen Herrn nicht aus Bösartigkeit den Juden ausliefern, sondern versuchte in seiner Ungeduld, Jesus zum offenen Kampf gegen die Tyrannen zu zwingen.

> Maßwerk: Vor allem im Mittelalter verwendete geometrische Schmuckform aus Kreissegmenten an Bauwerken. Häufig dient es der Unterteilung von Fenstern.

Bild 7
Verrat des Judas *(um 1350)*
Barna da Siena (tätig 1. Hälfte 14. Jahrhundert)
Fresko, San Gimignano (Toskana)
Santa Maria Assunta (Chiesa Collegiata)

VERRAT DES JUDAS 2

Da fuhr der Satan in Judas, der auch Iskariot genannt wird. (...) Er ging zu den führenden Priestern und den Hauptleuten der Tempelwache und besprach mit ihnen, wie er ihnen Jesus in die Hände spielen könnte. Sie freuten sich und boten ihm eine Geldsumme an. Judas war einverstanden. Er suchte von da an eine günstige Gelegenheit, Jesus zu verraten, ohne daß das Volk etwas merkte.
Lukas 22,3-6

Anders als die meisten Kirchen weist der Dom zu Naumburg einen Westchor auf, den ein Lettner vom Hauptschiff trennt. Die dem Kirchenschiff zugewandte Seite des Westlettners zeigt mehrere Steinreliefs zur Passion Jesu. Unter den im 13. Jahrhundert von einem unbekannten Meister geschaffenen Bildwerken befindet sich auch ‚Die Auszahlung des Blutgelds‘. Die ursprünglich bunte Bemalung ist im Lauf der Jahrhunderte stark verblaßt, so daß die volle Pracht des Kunstwerks heute nur noch erahnt werden kann. An Ausdruck und Faszination haben die Figuren dennoch nicht verloren.

Wie die anderen Reliefs dieser Folge zur Passion, wird auch die Auszahlung des Geldes von zwei Rundpfeilern eingefaßt. Ihre Kapitelle sind mit Blättern von einheimischen Pflanzen geschmückt. Dazwischen steht unter einer Reihe von Spitzbögen Judas in gebückter Haltung vor dem Thron des Hohepriesters. Dieser zählt dem Jünger die Münzen in die Hand, für die er Jesus verraten soll. Um das Blutgeld nicht berühren zu müssen, hat sich Judas sein Gewand über die Hände gelegt. Obwohl es sich lediglich um leichte Silberlinge handelt, scheinen die Geldstücke ihm doch schwer zu werden. Ihre Last drückt seine Hände auf den Schoß des Priesters.

Rechts schirmt ein Jude den Jünger mit seinem Mantel ab. Gleichzeitig flüstert er einem anderen etwas ins Ohr, der ihn aber mit der Hand zurückschiebt und zur Ruhe mahnt. Ohne die beiden Männer in seinem Rücken, würde Judas den Handel mit dem Hohepriester wohl gar nicht zu Ende führen.

Auch der Hohepriester zweifelt hier anscheinend an der Richtigkeit des Vorhabens. Abwesend hört er auf die Worte seines Beraters, der ihm von hinten beschwörend die Hand auf die Schulter legt und ermutigend auf ihn einflüstert. Der Würdenträger zeigt offen seine Abneigung, die Übereinkunft mit Judas zu besiegeln. Mimik und Gestik der Hauptpersonen passen eigentlich nicht zu hinterhältigen Verschwörern, sondern eher zu Opfern eines Geschehens, das sie nicht beeinflussen können. Der unbekannte Meister von Naumburg deutete damit die Begebenheit ganz anders als es Barna da Siena in San Gimignano (vergleiche Bild 7) tat.

Die Figuren präsentieren sich als plastisch im Raum stehende Individuen. Meisterlich sind dem Hohepriester, dessen Beratern und Judas die jeweiligen Gefühle ins Gesicht geschrieben. Der Naumburger Meister war damit vielen Künstlern seiner Zeit voraus, die meist noch Gestalten mit unbewegteren Gesichtszügen schufen.

Bild 8
Die Auszahlung des Blutgelds
(nach 1250)
Naumburger Meister, Kalkstein
Naumburg / Saale, Dom, Westlettner

Lettner: Eine meist steinerne Tribüne in Kirchen aus dem 13. bis 16. Jahrhundert, die wie eine hohe Wand mit oft mehreren Durchgängen zwischen Priesterchor und Laienschiff errichtet wurde. Der Lettner diente als hervorgehobener Platz zum Verlesen des Evangeliums und als Sängerbühne.

Kapitell: (lateinisch caput = Kopf) Kopfstück einer Säule oder eines Pfeilers, das häufig mit Figuren und Ornamenten verziert ist.

DER LETZTE ABEND

Das Abendmahl am Passafest, das Jesus im Kreise seiner Jünger feierte, wird im Johannes-Evangelium durch die Fußwaschung eingeleitet. Zum richtigen Verständnis dieser Handlung muß ihre vielschichtige Bedeutung näher erklärt werden.

Bei Wegen, die in Sandalen zurückgelegt wurden, war es unvermeidlich, daß sich Staub an den Füßen festsetzte. So war die Reinigung im Haus des Gastgebers ein Gebot der Höflichkeit (Lukas 7,44). Der Hausherr beauftragte mit dieser untergeordneten Arbeit üblicherweise einen Diener. Daß Jesus seinen Jüngern selbst die Füße gewaschen hat, war eine Aufforderung an sie, sich gegenseitig zu helfen und dabei auch den niedrig eingestuften Tätigkeiten nicht aus dem Weg zu gehen.

Die Fußwaschung war aber auch Teil einer rituellen Reinigung, die wie das Anziehen von Festgewändern zur Vorbereitung der Gäste gehörte, bevor sie sich zu einem feierlichen Mahl versammelten (Matthäus 22,12). Darüber hinaus galt die Fußwaschung durch Jesus als symbolische Ergänzung einer vorausgegangenen seelischen Reinigung, die ein Zeichen für die Zugehörigkeit zum Kreis der Jünger setzte (Johannes 13,8).

Das Passafest fand in Erinnerung an den Auszug Israels aus Ägypten statt (2. Mose/Exodus 12,1-23). Entsprechend dem Befehl Gottes (2. Mose/Exodus 12,24-27) wurde jedes Jahr ein Lamm geschlachtet und verzehrt. Die Mahlzeit wurde durch den Hausvater eröffnet, der ein Lobgebet über ein Brot sprach und dieses dann verteilte. Als Abschluß des jüdischen Frühlingsfestes sprach er ein Dankgebet über einen Becher Wein und reichte ihn dann allen Teilnehmenden. Jesus übernahm also beim Abendmahl am Gründonnerstag jüdische Traditionen, als er die Feier der Eucharistie einsetzte. Er verwies dabei auf seinen Opfertod, indem er das Brot und den Wein als seinen Leib und sein Blut bezeichnete. Judas, der den ersten Bissen des Brotes erhielt, verließ den Kreis, um Jesus nach dem Essen im Garten Getsemani den Priestern auszuliefern.

Eucharistie: (griechisch-lateinisch = Danksagung) Feier des heiligen Abendmahls oder der heiligen Kommunion.

FUSSWASCHUNG 1

Da stand er vom Tisch auf, legte sein Obergewand ab, band sich ein Tuch um und goß Wasser in eine Schüssel. Dann fing er an, seinen Jüngern die Füße zu waschen und sie mit dem Tuch abzutrocknen. Als er zu Simon Petrus kam, sagte der: „Du, Herr, willst *mir* die Füße waschen?" Jesus antwortete ihm: „Was ich tue, kannst du jetzt noch nicht verstehen, aber später wirst du es begreifen." Petrus widersetzte sich: „Niemals sollst du *mir* die Füße waschen!" Jesus antwortete: „Wenn ich dir nicht die Füße wasche, hast du keinen Anteil an mir und an dem, was ich bringe." Da sagte Simon Petrus: „Herr, dann nicht nur die Füße, sondern auch die Hände und den Kopf!"
Johannes 13,4-9

Wahrscheinlich wurde der Maler Giotto di Bondone 1266 in Colle de Vespagnano bei Florenz geboren. Er war einer der wichtigsten Wegbereiter für die Entwicklung der europäischen Kunst. Als der Künstler 1337 in Florenz starb, hatte er der mittelalterlichen Malerei mit seinem unverwechselbaren Stil den Weg in die Renaissance gezeigt.

Giotto gab entscheidende Impulse für das Einbeziehen des Irdischen in religiöse Bilder. Er verzichtete in seinen Werken meist auf den traditionellen Goldgrund, vor dem auf frühmittelalterlichen Gemälden die biblischen Personen abgebildet wurden. Statt dessen malte der Florentiner einen Hintergrund mit naturnah wiedergegebenen Landschaften und Gebäuden, wie sie seinen Zeitgenossen aus dem alltäglichen Leben bekannt waren. Aus den typisierten, überirdischen Heiligen wurden individuelle Menschen mit diesseitigen Gefühlen. Erstmals seit der Antike zeigte er in seiner Kunst wieder die Tiefe des Raumes und die Körperlichkeit der Dargestellten.

Zu Giottos bekanntesten und bedeutendsten Werken gehören die Fresken in der Scrovegni-Kapelle in Padua. Der Künstler versah den Innenraum mit 38 Einzelszenen aus der Vorgeschichte und dem

Leben Jesu, darunter auch die ‚Fußwaschung vor dem Abendmahl'.

Unter dem Dach eines nach vorne offenen Raumes haben sich die Jünger um Jesus versammelt. Mit ernster Ruhe lauschen sie den Worten ihres Meisters und sehen zu, wie er Petrus die Füße wäscht. Hinter Jesus hält einer von ihnen einen Krug mit frischem Wasser bereit. Obwohl sich die Figuren kaum bewegen, wirkt die Szene nicht statisch. Kleine Nebenhandlungen verleihen ihr Leben: Der Jünger im grünen Gewand am linken Bildrand zieht eine Sandale aus, Petrus rafft seinen Mantel am Bein, und sein Nachbar legt erwartungsvoll den nackten Fuß über das Knie.

Das Bemühen Giottos, seinem Fresko Perspektive zu verleihen, ist bei der Wasserschale, beim Dach und bei den Stühlen deutlich zu erkennen. Mit der plastischen Gestaltung der Körper, der Individualität aller Personen und ihrer Staffelung im Raum verlieh Giotto dem Bild eine Wirklichkeitsnähe, die zu seiner Zeit als revolutionär empfunden wurde.

Bild 9
Fußwaschung vor dem Abendmahl *(zwischen 1303 und 1310)*
Giotto di Bondone (um 1266-1337)
Fresko, Padua, Scrovegni-Kapelle (Arena-Kapelle)

Renaissance: (französisch = Wiedergeburt) An der Antike orientierter Kunststil, in Italien etwa von 1400 bis 1600. Um 1500 wurde die Renaissance zu einer gesamteuropäischen Erscheinung. Die Menschen nahmen individuelle Rechte für sich in Anspruch und sahen das Leben nicht nur als Übergang zur Ewigkeit. Neben den religiösen Motiven rückten nun sehr stark die Natur und der Mensch in das Blickfeld der Künstler und ihrer Auftraggeber.

Sieger Köder wurde 1925 in Wasseral-fingen bei Aalen (Württemberg) geboren. Nach seiner Ausbildung zum Kunst-erzieher studierte er in Tübingen und München katholische Theologie und erhielt 1971 die Priesterweihe. Stets ver-suchte Köder seine beiden Berufe zu verbinden, war Gemeindepfarrer und Maler zugleich. Für zahlreiche Kirchen hat er Wandbilder geschaffen und Fenster entworfen. Aber auch Landschaften und Harlekine sind Motive, die sich in seinen Werken finden.

Eines seiner Gemälde zeigt die ,Fuß-waschung' vor dem Abendmahl. Sieger Köder bezog sich bei seinem Bild auf eine Bibelstelle aus dem Johannes-Evan-gelium (Kapitel 13,15). Darin fordert Jesus seine Jünger mit den Worten „Ich habe euch ein Beispiel gegeben" auf, einander zu helfen und zu dienen.

Auf dem Tisch stehen in helles Licht getaucht ein Kelch mit Wein und ein Teller mit Brot, das in Form eines Kreuzes zerteilt ist. Brot und Wein verweisen auf das Abendmahl, das Jesus und seine Jünger im Anschluß an die Fußwaschung gemeinsam feiern werden. Petrus kauert auf einem niedrigen Schemel. Er beugt sich weit nach vorne und verdeckt so das Haupt des vor ihm knienden Jesus. Ihre Körper neigen sich in tiefer Verbundenheit einander zu. Voller Ehrfurcht scheint Petrus auf die Stimme Jesu zu lauschen. Abwehrend hat der Jünger seine linke Hand erhoben und legt zugleich die andere auf die Schulter seines Meisters. Er weiß nicht, wie er das Handeln Jesu deuten soll.

Die Waschschüssel ist hier nicht nur Bei-werk: In ihr stehen die Füße Petri, und im Wasser spiegelt sich das Antlitz des Herrn. Jesus beschwichtigt und erklärt seinem Jünger: „Wenn ich dir nicht die Füße wasche, hast du keinen Anteil an mir und an dem, was ich dir bringe."

Die derben Füße Jesu erscheinen vom Barfußlaufen geschunden und zeigen seine menschliche Natur. Dagegen hebt ihn das helle Weiß seiner Kleidung und des Gebetsschals von den gedämpften Brauntönen der irdischen Umgebung ab und betont seine göttliche Herkunft.

Ein auffallend blauer Teppich wellt sich unter der Hand Jesu und verweist noch-mals auf das Element Wasser, mit dem Christus in seinem Leben vielfach ver-bunden ist: durch die Taufe (Matthäus 3,13-17), die Fischzüge seiner Jünger (Lukas 5,1-11), durch das Stillen des Sturmes (Matthäus 8,23-27), seinen Gang auf dem See Gennesaret (Markus 6,45-52) und nun auch durch die Fußwaschung.

> Gebetsschal: Bei religiösen Zeremonien legen sich fromme Juden aus Ehrfurcht vor Gott einen Schal über Kopf und Schultern.

ABENDMAHL 1

Als Jesus das gesagt hatte, wurde er sehr traurig und sagte ihnen ganz offen: „Amen, ich versichere euch: Einer wird mich verraten." Seine Jünger sahen ihn ratlos an und fragten sich, wen er meinte. Der Jünger, den Jesus besonders liebhatte, saß neben ihm. Simon Petrus gab ihm durch ein Zeichen zu verstehen: „Frag Du ihn, von wem er spricht!" Da rückte er näher an Jesus heran und fragte: „Herr, wer ist es?" Jesus sagte zu ihm: „Ich werde ein Stück Brot in die Schüssel tauchen und wem ich es gebe, der ist es." Er nahm ein Stück Brot, tauchte es ein und gab es Judas, dem Sohn von Simon Iskariot. Sobald Judas das Brot genommen hatte, nahm der Satan ihn in Besitz. Jesus sagte zu ihm: „Beeile dich und tu, was du tun mußt!"
Johannes 13,21-27

Das Mittelalter gilt als die Blütezeit der Buchmalerei. Mönche schrieben häufig nicht nur die Bücher von Hand, sondern versahen die fast ausschließlich religiösen Handschriften auch mit kunstvollen Bildern und Schmuck-Ornamenten. Diese Miniaturen erläutern, ergänzen und überhöhen die heiligen Texte und ihren Inhalt. Die abgebildete Illustration des letzten Abendmahls entstammt einem schwäbischen Evangeliar aus dem 12. Jahrhundert.

Ein bunter Rahmen mit unterschiedlich gemusterten Bändern umschließt das Bild. Auf dem Tisch stehen verschiedene Gefäße, dazwischen liegen einige Messer. Die Mahlzeit besteht wie überliefert aus Brot und Wein und hier zusätzlich aus Fischen. Fische waren mehrfach im Leben Jesu bedeutsam. So beruft Jesus vier Fischer als seine ersten Jünger (Matthäus 4,18-22) und um die Tempel-steuer bezahlen zu können, entnimmt Petrus dem Maul eines Fisches ein Geld-stück (Matthäus 17,27). Im Griechischen ergeben die Anfangsbuchstaben der Bezeichnungen ‚Jesus Christus, Gottes Sohn, Erlöser' das Wort ‚Ichthys' = Fisch.

Die Jünger scheinen mit ihren grünen, blauen und roten Heiligenscheinen eher

hinter dem Tisch zu schweben als zu sitzen. Der Maler hat aus Platzgründen nur acht von ihnen abgebildet, darunter Petrus mit dem Haarkranz und Johannes, der sich voll Zuneigung und Trauer an die Brust seines Herrn lehnt.

Mit dem weit überhängenden Tuch erinnert der Tisch an eine Chorschranke, vor der nur Judas sich aufhält. Er ringt verzweifelt die Hände, denn eine kleine schwarze Eidechse schlüpft in seinen Mund: Sie symbolisiert den Satan, der in diesem Moment in ihn fährt und ihn zum Verrat verführen wird. Der Jünger kniet und empfängt von Jesus einen Bissen Brot wie die Hostie bei der Kommunion. So verbindet sich die Geste, mit der Jesus den Verräter entlarvt, mit der Verheißung, daß auch dieser Vergebung finden wird.

> Evangeliar: Buch mit den vollständigen Texten der vier Evangelien.
> Hostie: Eine dünne Weizenmehlscheibe, die die Gläubigen in Gedenken an das letzte Abendmahl und das Opfer Jesu zu sich nehmen.

*Bild 11 **Abendmahl** (Mitte 12. Jahrhundert), Buchmalerei, ca. 20 x 14,5 cm*
Stuttgart, Württembergische Landesbibliothek
Evangeliar, oberrheinisch (Kloster Gengenbach), Cod. bibl. 2°28, 141v

ABENDMAHL 2

Konrad von Soest wurde um 1370 in Dortmund geboren. Von dem Maler, dessen Gemälde sich durch leuchtende Farben und eine Fülle an Details auszeichnen, sind hauptsächlich sakrale Tafelbilder erhalten geblieben. Zu seinen Hauptwerken zählt der Flügelaltar in der Stadtkirche von Bad Wildungen. Er entstand 1403 und zeigt unter anderem ‚Das letzte Abendmahl‘. Nach 1422 ist Konrad von Soests Name nicht mehr nachzuweisen. Wahrscheinlich ist der Künstler um diese Zeit in Dortmund gestorben.

Jesus und seine Anhänger sitzen dicht gedrängt um einen runden Tisch. Neben allerlei Geschirr und Besteck liegen vor den Aposteln Schoten, Brote und Fische bereit. In einer Zinnschale wurde ein kleines Passalamm aufgetragen, das als traditionelles Opfertier den Tod Jesu symbolisiert. Damit die Gesichter nicht verdeckt werden, hat der Maler nur die Figuren am oberen Bildrand mit Heiligenscheinen versehen. In jedem Nimbus war ursprünglich der Name des dazugehörigen Apostels angegeben, allerdings sind die Buchstaben kaum mehr leserlich. Nur bei einem bestimmten Lichteinfall kann etwa über dem Jünger auf der rechten Seite die Bezeichnung ‚Sanctus Paulus‘ entziffert werden.

Dargestellt ist die Reaktion der Zwölf auf den Hinweis des Gottessohnes, einer von ihnen werde ihn an seine Gegner ausliefern und die Entlarvung des Judas. Die Jünger verhalten sich daraufhin ganz unterschiedlich. Einige diskutieren lebhaft miteinander oder blicken fassungslos auf den Verräter, andere essen und trinken ungestört weiter. Neben Judas schneidet einer sein Brot auf. Johannes, der Lieblingsjünger Jesu, lehnt sich über den Tisch und wird von Christus umarmt.

Judas selbst ist aufgestanden und nimmt von seinem Herrn ein Stück Brot entgegen, das an eine Hostie erinnert. Der Geldbeutel mit den 30 Silberlingen, die er vom Hohepriester erhalten hat, hängt hinter seinem Rücken. Um seine unredliche Gesinnung zusätzlich hervorzuheben, malte Konrad von Soest den Jünger mit einem Fisch in der Hand, den er unter dem Tisch zu verstecken versucht. Daß Judas ausgerechnet einen Fisch – eines der ältesten Sinnbilder für Christus – stehlen will, ist als ein zusätzlicher Hinweis auf sein Handeln gegen Jesus zu deuten.

sakral: (lateinisch sacer = heilig) religiös. Nimbus: Runder Heiligenschein oder Strahlenkranz, der das Haupt einer Person umgibt. Enthält der Nimbus ein Kreuz, so spricht man von einem Kreuznimbus. Dieser ist ausschließlich Gottvater, Christus und dem Heiligen Geist vorbehalten.

Bild 12
***Das letzte Abendmahl** (1403)*
Konrad von Soest
(um 1370 - kurz nach 1422)
Holz, 77 x 54 cm
Bad Wildungen, Stadtkirche

Zu Tilman Riemenschneider und dem Heiligblutaltar siehe auch die Bilder 2 und 18.

Tilman Riemenschneider unterhielt zeitweise in Würzburg eine größere Werkstatt mit Lehrlingen und Gesellen, die entsprechend ihrem Können dem Meister bei seiner Arbeit helfen mußten. Die Figuren der Abendmahlgruppe im Schrein des Heiligblutaltars in Rothenburg ob der Tauber gelten zwar als eigenhändige Werke von Riemenschneider, aber zum Herausarbeiten der groben Figurenumrisse und für unwichtige Details hat er wohl auch hier seine Gehilfen eingesetzt.

Jesus und seine Jünger haben sich in einem Raum versammelt. Das Maßwerk über ihnen erinnert an die Spitzbögen der Gotik, hat aber keine tragende Funktion mehr. Es handelt sich vielmehr um Schmuckformen, wie sie während des Übergangs von der Spätgotik zur Renaissance nördlich der Alpen häufig anzutreffen waren.

Die Jünger diskutieren heftig, wer von ihnen der Verräter sein könnte, von dem Jesus gerade gesprochen hat. Mit fragenden und verstörten Gesichtern deuten sie auf sich selbst oder auf ihr Gegenüber. Auf der linken Seite erkennen einige mit Entsetzen und Trauer bereits den Sinn der Geste Jesu: Über den Kopf des Johannes hinweg, der halb verdeckt an seiner Brust ruht, reicht er Judas das Stück Brot.

Die meisten Darstellungen des Abendmahls zeigen Jesus hinter dem Tisch in der Mitte. Bei der Rothenburger Gruppe dagegen steht Judas Iskariot im Zentrum. Zwischen den Bänken ragt der Verräter aufrecht aus den Reihen der Jünger heraus und wird dadurch deutlich von der Runde am Tisch ausgeschlossen. Während er das Brot empfängt, hält er in einer Hand krampfhaft den Geldsack und rafft mit der anderen schon den Saum seines Mantels, um sich schnell entfernen zu können.

Die Gesichter sind alle unterschiedlich gestaltet. Auffällig sind auch die sehr fein geschnitzten Haare mit den runden Locken, die durch Bohrungen im Holz zustande kamen. Die Gewänder der Jünger sind in scharfe, gebrochene Falten gelegt, lassen aber dennoch die Körperformen erahnen. Durch die Butzenscheiben des Fensters in der Rückwand des Schreins werden die Figuren zusätzlich aus einer ganz ungewohnten Richtung beleuchtet. Selbst Details im tieferen Bereich des Reliefs, etwa die Teller auf dem Tisch, sind dadurch zu sehen.

Zu Riemenschneiders Zeit war die Bemalung von Kunstwerken aus Holz nicht mehr durchweg üblich. Wahrscheinlich ist es gerade dieser Schlichtheit zu verdanken, daß der Altar nicht dem Bildersturm zum Opfer fiel, als Rothenburg 1524 zum protestantischen Glauben übertrat.

Gotik: Europäischer Kunststil zwischen dem 12. und dem 15. Jahrhundert. Typische Architekturmerkmale sind spitzbogige Gewölbe, Portale und Fenster, die oftmals mit Maßwerk und Skulpturen verziert wurden. Vor allem die spätgotischen Figuren werden gegenüber früheren Werken gefühlsbewegter und realistischer dargestellt.

Bild 13
Abendmahl *(1505), Tilman Riemenschneider (1460-1531)*
Lindenholz, 244 x 230 cm, Rothenburg ob der Tauber
St.-Jakobs-Kirche, Heiligblutaltar, Mittelschrein

Butzenscheiben: Runde Glasscheiben, die seit dem 15. Jahrhundert für die Verglasung von Fenstern verwendet wurden. Ihre unregelmäßige Oberfläche mit der Verdickung in der Mitte – der Butze – entsteht bei der Herstellung. Hierbei wird zunächst eine Glaskugel geblasen, die dann durch Schleudern zu einer Scheibe abgeflacht wird.

Bildersturm: Bezeichnung für die Zerstörung von Bildwerken in Kirchen während der ersten Hälfte des 16. Jahrhunderts durch protestantische Fanatiker. Sie begründeten vielfach die Vernichtung mit Martin Luthers Absage an den Götzendienst in Form von Bilderverehrung und -anbetung, die sie allerdings mißverstanden.

ABENDMAHL 4

Während der Mahlzeit nahm Jesus ein Brot, sprach das Segensgebet darüber, brach es in Stücke und gab es seinen Jüngern mit den Worten: „Nehmt und eßt, das ist mein Leib!" Dann nahm er einen Becher, sprach darüber das Dankgebet, gab ihn den Jüngern und sagte: „Trinkt alle daraus; das ist mein Blut, das für alle Menschen vergossen wird zur Vergebung ihrer Schuld. Mit ihm wird der Bund in Kraft gesetzt, den Gott jetzt mit den Menschen schließt."
Matthäus 26,26-28

Klaus Ringwald wurde 1939 in Schonach im Schwarzwald geboren. Nach Beendigung seiner Schnitzerlehre und Studienzeiten in Wolkenstein (Südtirol), München und Nürnberg kehrte er in seine Heimat zurück. Zahlreiche Portraitbüsten weisen ihn als einfühlsamen Beobachter aus. Die reiche Begabung und das vielseitige Können des Künstlers zeigen sich ebenso bei seinen Portalen und Brunnen. Für das Villinger Münster schuf er 1983 drei Türen mit Bronzereliefs. Zu dem Portal auf der Südseite, das dem Evangelisten Johannes gewidmet ist, gehört ‚Das letzte Abendmahl'.

Zwei Ornamentfriese, die an geflochtene Bänder erinnern, schließen das Relief oben und unten ab. Mehrere Stufen führen zu einer Bühne, auf der sich ein großer Tisch befindet. Dort sitzen dicht gedrängt die Jünger und ihr Meister auf Hockern. Manche der Apostel umarmen sich und nehmen so die gleiche Haltung ein wie im Vordergrund Jesus und Johannes. Die Anordnung der Säulen hinter ihnen verwirrt. Zunächst erwecken sie den Eindruck, das Abendmahl finde in einem Innenraum statt. Da der Blick aber offen auf die Gruppe fällt, könnten Jesus und die Zwölf auch unter freiem Himmel versammelt sein.

Die meisten Darstellungen zu diesem Thema zeigen die Verwirrung, die der Hinweis Jesu auf den Verrat des Judas bei den Jüngern auslöst. Dagegen steht bei Ringwald das Einsetzen des Abendmahls im Mittelpunkt. Jesus hebt das längliche Brot und den Becher mit Wein in die Höhe. Er vollzieht dadurch die während der Messe übliche Elevation der Hostie und des Kelches. Sehr ungewöhnlich ist es auch, die Hauptfiguren von hinten zu zeigen. Die Bedeutung von Brot und Wein wird durch die vollplastische Ausarbeitung vor dem Hintergrund der leeren Tischfläche betont. Um diese Wirkung noch zu steigern, läßt Ringwald, ohne die gewohnte Perspektive zu berücksichtigen, den Betrachter von oben auf die Szene herabblicken.

Durch diese Aufsicht fällt auch der leere Hocker an der linken Tischseite auf. Dort saß Judas, der in seiner Hand den Geldbeutel mit den dreißig Silberlingen hält und jetzt drei Stufen auf einmal nehmend das Haus verläßt. Ringwald bezieht sich

Bild 14
Das letzte Abendmahl *(1979-1983), Klaus Ringwald (geb. 1939)*
Bronze, 50 x 105 cm, Villingen, Münster, Süd-Portal

hier auf Johannes 13,30: „Nachdem Judas das Stück Brot gegessen hatte, ging er sofort hinaus. Es war Nacht." Mit einem letzten Blick auf die Gruppe öffnet er die Haustür. So scheidet er aus der Schar der Jünger aus.

Zwei Sätze am rechten Bildrand schaffen den Bezug zur Gegenwart. Mit den Worten „30 Silberlinge, das beherrschen-de Zeichen auch unserer Zeit." erinnert Ringwald daran, daß nicht nur Jesus und seine Lehre, sondern auch Werte wie Freundschaft und Vertrauen in der heutigen Zeit auf vielfältige Weise für Geld verraten werden. Der zweite Satz lautet: „Judas, einer der ganz wenigen, der daran zerbrach." Hier verweist der Künstler auf die tiefe Reue, die Judas nach der Kreuzigung Jesu empfand.

Elevation: (lateinisch = Erhöhung) Das Emporheben der Hostie und des Kelches	während der Feier des heiligen Abendmahls oder der heiligen Kommunion.

ABENDMAHL 5

Salvador Dalí wurde 1904 im spanischen Figueras geboren. Er war einer der bedeutendsten, aber auch umstrittensten Maler, Graphiker und Bildhauer des 20. Jahrhunderts. Als ein Hauptvertreter des Surrealismus legte er besonders viel Wert auf symbolische Details, die zum Nachdenken anregen. Seit 1948 wandte sich der Künstler vermehrt religiösen Themen zu. Bis zu seinem Tod 1989 malte er zahlreiche biblische Szenen und für manche dieser Bilder holte er sogar die Erlaubnis des Papstes ein.

1955 entstand ‚El sacramento de la cena‘, spanisch für ‚Das Sakrament des heiligen Abendmahls‘. Das Gemälde zeigt aber weniger das historische Geschehen, als die Feier der Eucharistie.

Das Bild ist streng symmetrisch angelegt und vom zentralperspektivischen Aufbau mit dem Haupt des Herrn im Mittelpunkt geprägt. Die Jünger nehmen auf beiden Seiten jeweils dieselbe Haltung ein und unterscheiden sich voneinander lediglich durch die Farben ihrer Gewänder und ihrer Haare. Sie knien um einen großen Tisch und lauschen mit demütig gesenkten Köpfen den Worten Christi. Mit beredten Gesten, dem erhobenen rechten Zeigefinger und der auf sich selbst deutenden linken Hand, erklärt er ihnen wohl eindringlich die Bedeutung des Geschehens.

Über der Szene schwebt ein kopfloser Torso, der in seiner Haltung an den Gekreuzigten erinnert, jedoch wirken seine ausgestreckten Arme eher beschützend und vergebend. Eine Balkenkonstruktion im Hintergrund verbindet Himmel und Erde. Die massiven Stützen werden zu Glas und scheinen sich schließlich zum Boden hin immer mehr in Luft aufzulösen. Eine Deutung dieser Bildelemente könnte lauten, daß die Verbindung zwischen Jesus und der Welt – selbst wenn sie so fest gefügt ist wie dieses Gerüst – von den Menschen nicht erfaßt, sondern nur erahnt werden kann.

Ähnlich wie die Balken über ihm, gehört Christus zu beiden Sphären, der überirdischen und der irdischen: Er ist der menschgewordene Gott. Sein Körper ist teilweise durchsichtig, so daß hinter ihm ein Fischerboot zu sehen ist. Es treibt auf einem See, der sich bis zum Horizont erstreckt und erinnert an die Berufung der Jünger zu Menschenfischern (Matthäus 4,19).

Das gleißende Licht, das vom Himmel und der Aura des Hauptes Jesu ausgeht, verleiht dem Bild eine einheitliche Atmosphäre. Durch die realistische Malweise Dalís erscheint die Darstellung des heiligen Abendmahls zwar wirklichkeitsnah, aufgrund der Aufhebung räumlicher Grenzen und materieller Gesetzmäßigkeiten aber zugleich vergeistigt und sakral.

Bild 15
El sacramento de la cena *(1955)*
Salvador Dalí (1904-1989)
Öl auf Leinwand, 167 x 268 cm
Washington D.C., National Gallery of Art

Surrealismus: Stilepoche zwischen 1924 und 1945. Auf den Bildern sind Personen und Gegenstände zwar meist wirklichkeitsnah gemalt, aber in ihrer Zusammensetzung verfremdet und in manchen Details verformt, so daß die Gemälde Träume oder Visionen darzustellen scheinen.

Zentralperspektive: Perspektive, deren Fluchtpunkt im Zentrum des Bildes liegt.

Torso: Menschlicher Körper mit unvollständigen oder fehlenden Gliedmaßen.

JESUS BETET IM GARTEN GETSEMANI 1

Dann kam Jesus mit seinen Jüngern zu einem Grundstück, das Getsemani hieß. Er sagte zu ihnen: „Setzt euch hier! Ich gehe dort hinüber, um zu beten." Petrus und die beiden Söhne von Zebedäus nahm er mit. Angst und tiefe Traurigkeit befielen ihn, und er sagte zu ihnen: „Ich bin so bedrückt, ich bin mit meiner Kraft am Ende. Bleibt hier und wacht mit mir!" Dann ging er noch ein paar Schritte weiter, warf sich nieder, das Gesicht zur Erde, und betete: „Mein Vater, wenn es möglich ist, erspare es mir, diesen Kelch trinken zu müssen! Aber es soll geschehen, was *du* willst, nicht was ich will." Dann kehrte er zu den Jüngern zurück und sah, daß sie eingeschlafen waren. Da sagte er zu Petrus: „Konntet ihr nicht eine einzige Stunde mit mir wach bleiben? Bleibt wach und betet, damit ihr in der kommenden Prüfung nicht versagt. Der Geist in euch ist willig, aber eure menschliche Natur ist schwach."
Matthäus 26,36-41

Im Jahre 1445 wurde in Florenz Sandro Botticelli geboren, einer der herausragendsten Künstler des 15. Jahrhunderts in Italien. Sein Werk umfaßt ein breites Spektrum an Motiven; neben religiösen und mythologischen Bildern malte Botticelli auch Portraits. Der Künstler war tief beeindruckt von den Predigten Savonarolas, des Klostervorstehers von San Marco in Florenz. In der Endzeitstimmung des ausgehenden 15. Jahrhunderts hatte Savonarola die Reichen ermahnt, sich vom luxuriösen Lebensstil abzuwenden und Buße zu tun. Unter seinem Einfluß wandte sich der Maler vermehrt sakralen Themen zu und gab den Gemälden einfachere Strukturen.

Vor diesem Hintergrund entstand um 1500, zehn Jahre vor dem Tod Botticellis, das ‚Gebet Christi im Garten'. Im Vordergrund schlafen Petrus und die Brüder Jakobus und Johannes. Hinter den Jüngern umschließt ein hoher Zaun mit scharf zugespitzten Latten den Garten Getsemani. Einige Olivenbäume umgeben den Felsen, der sich in der Mitte erhebt. Hier kniet Christus, der sich zurückgezogen hat, um zu beten. Das kräftige Rot seines Gewands hebt sich vom Grün der Umgebung ab und weist bereits auf sein künftiges Leiden hin.

Obwohl die Jünger wachen und beten sollten, sind sie eingeschlafen. Dadurch bemerken sie auch nicht die menschliche Schwäche Jesu, als er voller Angst Gott darum bittet, ihm das Opfer zu erlassen. Ein Engel schwebt jedoch vom Himmel herab und bringt Christus den Leidenskelch, den er aus Gehorsam gegenüber seinem Vater annimmt.

Allein der Gottessohn kann den Pfad begehen, der links am Felsen vorbei ansteigt. Allen anderen bleibt der Zugang durch den Zaun verwehrt und durch die Zweige verborgen. Botticelli drückt dies in seinem Gemälde vor allem durch die übergroße Einfassung des Gartens aus. Lediglich der Blick auf die Grabeshöhle unter Christus bleibt frei, in der ein Sarg auf seinen bevorstehenden Tod und die Auferstehung verweist.

Bild 16
***Gebet Christi im Garten** (um 1500)*
Sandro Botticelli (1445-1510)
Holz, 53 x 35 cm
Granada, Capilla Real

JESUS BETET IM GARTEN GETSEMANI 2

Noch einmal ging Jesus weg und betete: „Mein Vater, wenn es nicht anders sein kann und ich diesen Kelch trinken muß, dann geschehe dein Wille!" Als er zurückkam, schliefen sie wieder; die Augen waren ihnen zugefallen.
Matthäus 26,42-43

Zu El Greco siehe auch Bild 37.

Der 1541 auf Kreta geborene Domenicos Theotokopoulos zählt zu den großen europäischen Künstlern des ausgehenden 16. Jahrhunderts. Nach Abschluß einer Ausbildung zum Ikonenmaler in seiner Heimat ging er nach Italien und versuchte in Venedig und Rom Fuß zu fassen. 1577 siedelte der Künstler nach Toledo über, wo er 1614 starb. Die Spanier nannten ihn wegen seines schwierig auszusprechenden Namens kurzerhand ‚El Greco' (der Grieche). Diese Bezeichnung hat sich bis heute in der Kunstgeschichte gehalten.

El Greco widmete sein künstlerisches Schaffen vor allem religiösen Themen. Bereits in Griechenland und Italien hatte er jedoch keinerlei Rücksicht auf die Vorstellungen der orthodoxen Kirche und auf den Geschmack des Publikums genommen. In Spanien entwickelte er dann endgültig seine eigenwillige und unverkennbare Handschrift, die weit über die damals verbreiteten manieristischen Stilmittel hinausgeht.

El Grecos Gemälde ‚Christus auf dem Ölberg' wirkt wie eine Vision. Dies liegt hauptsächlich an dem flackernden Licht, welches von allen Seiten gleichzeitig zu kommen scheint. Es entsteht so der Eindruck, ein Blitz habe in der Nacht nur für einen Augenblick die Figuren beleuchtet, ohne daß dabei Klarheit über Ort und Distanz gewonnen werden kann.

El Greco schuf ungeachtet der Regeln der Perspektive für die Einzelpersonen und Gruppen jeweils eine eigene Sphäre.

Die schlafenden Jünger erscheinen zunächst wegen ihrer geringeren Größe weiter entfernt als der Engel über ihnen. Sie werden aber von der Wolke umhüllt, auf der der Himmelsbote schwebt. Jesus kniet auf dem Boden vor einem Felsen, der sich wie ein schützender Umhang hinter ihm aufwölbt. Dieser Hintergrund hebt die Gestalt Christi hervor und betont dessen Zugehörigkeit zur Erde und damit seine menschliche Natur. Ein Lichtstrahl zeigt Jesus den Willen seines Vaters an. Die Haltung der Arme und Hände verraten noch ein Zögern, mit seinem Blick nimmt er jedoch den Leidenskelch von dem Engel entgegen. Am rechten Bildrand erreichen bereits die Soldaten mit Judas den Garten, um Jesus gefangenzunehmen.

El Greco wollte dem Betrachter die sakralen Themen nicht durch eine realistische Darstellungsweise vermitteln, sondern ihn über die alltäglichen Wahrnehmungen erheben und religiöse Leidenschaft wecken. Um dies zu erreichen, malte er die Figuren überlängt und hager, fast entkörperlicht. Alles Physische wirkt so entrückt und vergeistigt. Farbe und Licht bringen zusätzlich Dramatik in seine Bilder.

Bild 17
Christus auf dem Ölberg *(1590)*
El Greco (1541-1614)
Öl auf Leinwand, 102 x 114 cm
Toledo/Ohio, The Toledo Museum of Art

JESUS BETET IM GARTEN GETSEMANI 3

Zum drittenmal ging Jesus ein Stück weit weg und betete noch einmal mit den gleichen Worten. Als er dann zu den Jüngern zurückkam, sagte er: „Schlaft ihr denn immer noch und ruht euch aus? Die Stunde ist da; jetzt wird der Menschensohn an die Menschen, die Sünder, ausgeliefert. Steht auf, wir wollen gehen. Er ist schon da, der mich verrät!"
Matthäus 26,44-46

Zu Riemenschneider und dem Heiligblutaltar siehe auch die Bilder 2 und 13.

Der rechte Flügel des Heiligblutaltars, der Jesus und die Jünger auf dem Ölberg im Garten Getsemani zeigt, stammt aus der Werkstatt Riemenschneiders. Die übersichtliche Gliederung des Reliefs erlaubt nicht nur ein schnelles Erfassen des Inhaltes, sondern verstärkt auch den Eindruck der Einsamkeit Jesu.

Am unteren Bildrand liegen die schlafenden Jünger. Der kahlköpfige Petrus bettet das müde Haupt auf seinen Arm. Lose hält er das Schwert, mit dem er später seinen Herrn verteidigen wird. Ihm gegenüber ruhen Jakobus und Johannes; beide sind über ihren Büchern eingenickt.

Jesus ist auf die Knie gesunken, um zu seinem Vater zu beten. Im Zentrum des Reliefs erscheint der Gottessohn ganz isoliert von den Jüngern, obwohl sie in seiner unmittelbaren Nähe liegen. Mit erhobenem Haupt blickt er nach oben. In aufwendigen Falten legt sich das weite Gewand um seinen Körper. Die Steine unter ihm sehen aus wie Wolken und erwecken den Eindruck, als schwebe er über den Aposteln.

Der Heiland ist so tief ins Gebet versunken, daß er die Menschen nicht beachtet, die ihn verhaften wollen. Sie drängen sich durch das Gartentor, um ihm in den Rücken zu fallen: allen voran ein Wachmann mit erhobenem Schwert und Judas, der mit dem Geldbeutel in der Hand auf seinen Herrn zugeht. Einem eifrigen Soldaten geht es nicht schnell genug; er steigt kurzerhand über den geflochtenen Zaun.

Jesus könnte nach menschlichem Ermessen nicht fliehen, selbst wenn er es wollte, denn vor ihm erhebt sich eine steile Felswand als massives Hindernis. Sie symbolisiert die Ausweglosigkeit seiner Lage.

Bild 18
***Christus in Getsemani** (1505)*
Tilman Riemenschneider (1460-1531)
Lindenholz, ca. 200 x 90 cm
Rothenburg ob der Tauber
St.-Jakobs-Kirche, Heiligblutaltar
Innenseite des rechten Altarflügels

DER PROZESS VOR DEM HOHEN RAT

Bei den Auseinandersetzungen zwischen Jesus und den Pharisäern über die richtige Auslegung der Gebote waren die Sadduzäer gleichgültig geblieben. Die Priester und ihre Anhänger wurden erst aufmerksam durch das Gleichnis von den bösen Weingärtnern (Matthäus 21,33-45). Als Jesus dann am Palmsonntag wie ein König in Jerusalem einzog und als er die Wechsler und Händler aus dem Vorhof des Tempels vertrieb, sahen die Sadduzäer ihre Macht in Frage gestellt und entschlossen sich, Maßnahmen gegen ihn zu ergreifen.

Unter den Zeloten hofften in dieser zugespitzten Lage wohl einige, Jesus werde sich jetzt gegen die weltlichen Mächte erheben. Von Anfang an befand sich unter den zwölf Jüngern Simon mit dem Beinamen Zelotes. Vielleicht gehörte auch Judas zu dieser Gruppe und wollte durch seinen Verrat Jesus zum Kampf zwingen. Angesichts der immer größer werdenden Anhängerschaft Jesu fürchteten die Obersten Priestern, bei einem Vorgehen gegen ihn könne das Volk sich erheben. Wenn es aber erst zu einem Aufstand gekommen war, schlugen die Römer hart und unerbittlich zu. Deshalb wollten die Priester Jesus möglichst unauffällig und noch vor den Festtagen töten lassen, um jedes Aufsehen zu vermeiden: Lieber sollte einer sterben, als viele (Johannes 11,50). So fand seine Gefangennahme außerhalb der Stadt im Garten Getsemani und in der Dunkelheit statt.

Beim anschließenden Verhör versuchte der Hohe Rat durch geschickt formulierte Fragen und falsche Anklagen Jesus Gotteslästerung und Verführung zum falschen Glauben nachzuweisen. Beide Vergehen wurden mit dem Tode bestraft (3. Mose/Leviticus 24,16 und 5; Mose/Deuteronomium 13,6).

Petrus versuchte bei der Gefangennahme zunächst seinen Herrn mit dem Schwert zu verteidigen aber wenig später verleugnete der Jünger aus Angst vor einer Verurteilung seinen Meister drei Mal.

Hoher Rat: Oberste Instanz des Judentums zur Zeit Jesu. Er bestand aus 71 Männern, meist vornehmen Priestern und Gesetzeslehrern, aber auch angesehene Männer aus dem Laienstand gehörten diesem Gremium an.

JESUS WIRD VERHAFTET 1

Noch während Jesus das sagte, kam Judas, einer der Zwölf, mit einem Trupp von Männern, die mit Schwertern und Knüppeln bewaffnet waren. Sie waren von den führenden Priestern und den Ältesten des Volkes geschickt worden.
Matthäus 26,47

Pietro Lorenzetti wurde um 1280 in Siena geboren und starb dort im Alter von 68 Jahren. Zu den bekanntesten Werken des Malers gehören die Fresken in der Unterkirche von San Francesco in Assisi, die mit großer Beteiligung seiner Werkstatt etwa 1327 entstanden. Als Zeitgenosse Giottos (vergleiche Bild 9) übernahm Lorenzetti zahlreiche Stilmerkmale und Neuerungen des Florentiner Künstlers, der bereits 30 Jahre vor ihm die Oberkirche von San Francesco ausgemalt hatte. Lorenzetti verstand es noch besser als Giotto, die Bewegung der Figuren und die Raumtiefe wiederzugeben.

In seinem Bild von der Gefangennahme Jesu hat der Maler aus Siena außer den Heiligenscheinen noch einige Details mit leuchtendem Gold belegt, um die Kostbarkeit der Gewänder und Helme zu betonen. Vom traditionellen Goldgrund ist Lorenzetti jedoch abgerückt. Er hat stattdessen die plastisch gestalteten Menschen vor einer Landschaft gruppiert. Da von vielen nur die Helme oder Gesichter zu sehen sind, scheinen sie hintereinander zu stehen, was dem Fresko eine räumliche Tiefe verleiht.

Der Künstler hielt sich eng an die Evangelien, nach denen Jesus nachts am Ölberg gebetet hat. Lorenzetti war wohl der erste Maler, der deutlich erkennbar eine Handlung zeigte, die in der Nacht stattfindet. Direkt hinter dem Felsen am Horizont steht die schmale Mondsichel und am dunklen Himmel prangen

goldene Sterne. Die Landschaft ist jedoch gleichmäßig ausgeleuchtet wie eine Theaterbühne und die Menschen werfen keine Schatten.

Nur ein paar in fahles Licht getauchte Olivenbäume und ein überdachtes Tor verraten, daß sich das Geschehen im Garten Getsemani abspielt. Einige der Häscher tragen Laternen, andere sind mit Lanzen bewaffnet. Sie stehen wie eine undurchdringliche Mauer dicht hinter Jesus. Aus den Augwinkeln sieht dieser, daß Judas an ihn herantritt. Der Jünger beugt sich vor, um ihm einen Kuß zu geben, eine damals übliche Begrüßungsformel zwischen Lehrer und Schüler. Dies ist das Zeichen für den besonders reich gekleideten Hohepriester am Gartentor: Er hat dadurch Jesus erkannt und befiehlt dem Hauptmann mit dem goldenen Helm, ihn festzunehmen.

Die meisten Apostel verlassen angesichts der Gefahr fluchtartig den Ort der Verhaftung. Einer nach dem anderen entschwindet durch einen Hohlweg; nur der letzte schaut noch einmal ängstlich besorgt zurück. Allein Petrus bleibt bei seinem Herrn. Mit einem großen Schritt stellt er sich einem der Schergen in den Weg und ist fest entschlossen, Jesus zu verteidigen. Überrascht wendet sich der Soldat mit dem Schild und gezücktem Schwert zu ihm hin.

Bild 19
Judaskuß *(um 1325/30)*
Pietro Lorenzetti (um 1280 - um 1348)
Fresko, Assisi, San Francesco, Unterkirche

DER JUDASKUSS

Der Verräter hatte mit ihnen ein Erkennungszeichen ausgemacht: „Wem ich einen Begrüßungskuß gebe, der ist es. Den nehmt fest!" Judas ging sogleich auf Jesus zu und sagte: „Sei gegrüßt, Rabbi!", und er küßte ihn so, daß alle es sehen konnten. Jesus sagte zu ihm: „Freund, komm zur Sache!"
Matthäus 26,48-50a

Der Maler Ernst Alt wurde 1935 in Saarbrücken geboren. In seiner Jugend lernte er bei seinen Großeltern ein bäuerliches und religiös bestimmtes Leben kennen. Auf zahlreichen Reisen, unter anderem nach Griechenland, Italien und Frankreich, begegnete er der Kunst vieler Epochen. Offen war er auch für die Landschaften und deren Ausstrahlung auf die Künstler, die dort lebten und wirkten. Ernst Alt arbeitet heute als freischaffender Künstler in seiner Vaterstadt. Seine Werke beschäftigen sich häufig mit religiösen Motiven.

Zu seinen besonders ausdrucksstarken Bildern gehört der ‚Judaskuß' von 1982. Nicht die Portraits von Christus und Judas oder der verräterische Kuß sind das zentrale Thema des Gemäldes, sondern die schicksalhafte Verbundenheit des Jüngers mit seinem Meister.

Das Haupt von Jesus ist nicht wie vielfach üblich von einem Heiligenschein umgeben. Groß und dunkel blicken seine Augen ins Leere. Der Kopf, der bald die Dornenkrone tragen wird, ist schmal, fast ausgemergelt. Schweiß und Blut scheinen auf dem strähnigen Haar bereits erkennbar. Über Jesu Schulter reckt sich aus einem dunklen Schatten der kleinere Kopf von Judas. Wegen seiner geringeren Größe und den runden Gesichtszügen erinnert er ein wenig an ein Kind, das sich an die Wange seines Vaters drängt.

Mit seinen weißen Fingern klammert sich Judas wie ein Ertrinkender an Jesus. Die Verzweiflung über seine Tat steht ihm schon ins Gesicht geschrieben: Die Lippen sind zum Kuß halb geöffnet, aber aus dem rechten Auge rinnt eine Träne und zieht eine violette Spur über seine Wange. Er folgt dem fremden Zwang, der ihn zum Handeln treibt, und trotzdem bittet er seinen Meister: Vergib mir, weise mich nicht zurück.

Ein Wechselspiel aus hellen Flächen und dunkleren Schatten verleiht den Gesichtern Plastizität. Unregelmäßige Pinselstriche bilden die Konturen der beiden Köpfe und geben der ansonsten statischen Szene Bewegung. Judas und Jesus wirken durch die ineinander laufenden Farbspuren und unruhigen Federstriche zitternd und aufgewühlt. Erst bei genauem Hinsehen werden die feinen Linien erkennbar, die wie Kratzer vor allem die Haut Jesu durchziehen und wegen ihrer rotbraunen und violetten Farbe an blutige Wunden erinnern. Sie verweisen auf die bevorstehende Geißelung und die Verwundbarkeit des Gottessohnes. Aber auch Judas trägt solche Verletzungen, denn er ist untrennbar mit der Passion verbunden und nimmt auf seine Weise am Leiden Christi teil.

Bild 20
Judaskuß *(1982), Ernst Alt (geboren 1935)*
Tusche und Aquarell auf Papier, 58 x 40 cm, im Besitz des Künstlers

JESUS WIRD VERHAFTET 2

Darauf traten die Bewaffneten heran, packten Jesus und nahmen ihn fest. Einer von den Jüngern zog sein Schwert, hieb auf den Bevollmächtigten des Obersten Priesters ein und schlug ihm ein Ohr ab. Aber Jesus befahl ihm: „Steck dein Schwert weg; denn alle, die zum Schwert greifen, werden durch das Schwert umkommen."
Matthäus 26,50b-52

Martin Schongauer wurde um 1450 als Sohn eines Goldschmieds wahrscheinlich in Colmar geboren. Nach der Lehre und einigen Wanderjahren als Geselle kehrte er 1471 in seine Heimatstadt zurück, wo er schon 1491 vermutlich an der Pest starb.

Bekannt wurde Schongauer insbesondere durch sein graphisches Werk. Berühmt und weit verbreitet waren die Kupferstiche, die auch nach seinem Tod lange Zeit in den Werkstätten als Vorlage verwendet wurden und viele Künstler beeinflußten. Von seinen Gemälden sind leider nur wenige erhalten geblieben, darunter die 24 Tafelbilder des Altars der Dominikanerkirche von Colmar. An der Ausführung dieses monumentalen Werkes waren auch die Lehrlinge und Gesellen des Malers beteiligt.

Eines der Gemälde zur Passion zeigt die Gefangennahme in Getsemani. Schongauer hat hier einzelne in der Bibel chronologisch aufeinanderfolgende Geschehnisse nebeneinander abgebildet, was bei Altären im Mittelalter und in der frühen Renaissance nicht ungewöhnlich war. Die Gefangennahme Jesu, der Judaskuß sowie der Schwertstreich des Petrus gegen den Knecht und dessen Heilung sind auf einem Bild dargestellt.

Daß sich die Gefangennahme Jesu in einem Garten ereignet, ist lediglich an dem geflochtenen Weidenzaun und dem kahlen, alles überragenden Baum zu erkennen. Judas mit dem Geldbeutel in der Hand zeigt in einer dicht gedrängten Gruppe durch seinen Kuß an, wen die Söldner verhaften sollen. Die ersten Soldaten greifen auch schon nach den Armen und dem Gewand Jesu. Der Häscher links droht ihm sogar mit einem Morgenstern.

Am rechten Bildrand will Petrus mit seinem Schwert erneut gegen den Diener des Obersten Priesters ausholen. Der Knecht liegt vor ihm auf dem Boden und ist durch einen ersten Schlag bereits am Ohr verletzt. Jesus streckt aber segnend seine rechte Hand aus und heilt die Wunde. Schongauer folgte bei dieser Darstellung den Worten „Er berührte das Ohr und heilte den Mann." (Lukas 22,51).

Inmitten dieser menschlichen Gewalt steht Christus, der weiß, was ihn erwartet. Trotzdem wehrt er sich nicht gegen das Unrecht, das ihm angetan wird. Sein Gesicht wirkt entspannt, denn er kann verzeihen und sogar den verletzten Feind heilen.

> Kupferstich: Die Linien der Zeichnung werden mit einem harten Stahlstift (Stichel) in die weiche Kupferplatte eingeritzt (gestochen). Die zum Druck aufgebrachte Farbe setzt sich in den Vertiefungen fest und wird auf das Papier übertragen.

Bild 21 **Gefangennahme Jesu** *(um 1480/90), Martin Schongauer (um 1450-1491)*
Holz, 116 x 87 cm, Colmar, Musée d'Unterlinden

JESUS VOR HANNAS

Die römischen Soldaten mit ihren Kommandanten und die Gerichtspolizisten verhafteten Jesus, fesselten ihn und brachten ihn zuerst zu Hannas. Hannas war der Schwiegervater von Kajaphas, der in jenem Jahr das Amt des Obersten Priesters ausübte. (...) Der Oberste Priester fragte Jesus nach seinen Jüngern und seiner Lehre. Jesus antwortete: „Ich habe immer offen vor aller Welt gesprochen. (...) Frag doch die Leute, die meine Lehre gehört haben! Sie wissen es." (...) Hannas schickte darauf Jesus in Fesseln zum Obersten Priester Kajaphas.
Johannes 18,12-14 und 19-24

In Utrecht wurde 1590 Gerrit van Honthorst geboren, in derselben Stadt, in der er im Alter von 66 Jahren starb. Nach seiner Lehre arbeitete der junge Maler zehn Jahre lang als Geselle in Rom. Dort beeindruckten ihn besonders die Gemälde von Caravaggio, auf denen oft eine einzige, nicht sichtbare Lichtquelle Gegenstände und Personen ausschnitthaft aus dem Dunkel hervorhebt. Honthorst hatte schon während seines Aufenthaltes in Rom zahlreiche Nachtstücke gemalt, was ihm den Beinamen ‚Gherardo della notte' (‚Gerrit der Nacht') einbrachte. Entgegen seinem großen italienischen Vorbild nahm Honthorst aber Fackeln, Laternen oder Kerzen mit in die Bilder auf. Auch in seinem Gemälde ‚Christus vor dem Hohepriester' taucht eine Kerze die Menschen in ein schwaches Licht.

Der Hohepriester verhört Jesus in einem engen Zimmer. Rechts im Hintergrund drängen sich die Wachen und links sind zwei Männer Zeugen des Geschehens. In seinem roten, pelzverbrämten Mantel sitzt der Hohepriester auf einem Stuhl. Angespannt umklammert er mit der Rechten die Armlehne und blickt fragend zu Christus auf. Dieser steht ihm mit gebundenen Händen und gesenktem Haupt gegenüber. Zwischen den beiden Männern befindet sich ein mit schwarzem Tuch bedeckter Tisch, auf dem die

heiligen Schriften der Juden liegen. Ein Tintenfaß mit einer dünnen Feder und die brennende Kerze stehen daneben.

Honthorst achtete darauf, daß das Licht der Kerze vor allem die Einzelheiten beleuchtet, die für die Deutung des Bildes wichtig sind. Besonders hell malte er daher das aufgeschlagene Buch, den aufgestützen Arm des Hohepriesters mit dem eindringlich erhobenen Zeigefinger und sein von Runzeln durchzogenes Gesicht. Auf der anderen Seite erstrahlt die Gestalt des verhörten Jesus.

Hart treffen im Bild Licht und Schatten aufeinander. Durch diesen starken Kontrast treten die Falten der Kleidung und der Haut deutlich hervor. Das Antlitz und die gekreuzten Hände Christi scheinen dagegen sanft von innen heraus zu leuchten und lassen Jesus wesentlich weicher und vergeistigter erscheinen als den Hohepriester. Allein durch die Handhabung des Lichtes ist es Honthorst gelungen, die Charaktere der Personen zum Ausdruck zu bringen.

Bild 22
Christus vor dem
Hohepriester *(um 1617)*
Gerrit van Honthorst (1590-1656)
Öl auf Leinwand, 269 x 183 cm
London, National Gallery

JESUS VOR KAJAPHAS

**Die Männer, die Jesus verhaftet hatten, brachten ihn zum Obersten Priester Kajaphas, wo schon die Gesetzeslehrer und Ratsältesten versammelt waren. (...) Die führenden Priester und der ganze Rat versuchten, Jesus durch falsche Zeugenaussagen zu belasten, damit sie ihn zum Tod verurteilen könnten. (...) Der Oberste Priester sagte: „Ich nehme von dir einen Eid bei dem lebendigen Gott und fordere dich auf uns zu sagen: Bist du Christus, der versprochene Retter, der Sohn Gottes?" Jesus antwortete: „Ja! Aber ich sage euch, von jetzt an gilt: Ihr werdet den Menschensohn sehen, wie er an der rechten Seite des Allmächtigen sitzt und auf den Wolken des Himmels kommt!" Da zerriß der Oberste Priester sein Gewand und sagte: „Das ist eine Gotteslästerung! Was brauchen wir noch Zeugen? Ihr habt es selbst gehört, wie er Gott beleidigt hat. Wie lautet euer Urteil?" „Er hat den Tod verdient!" riefen sie.
Matthäus 26,57-66**

Albrecht Altdorfer wurde wahrscheinlich um 1480 in Regensburg geboren. Als angesehener Bürger war er dort Mitglied des Rates und Stadtbaumeister. Der Künstler reiste nicht wie einige seiner Kollegen nach Italien, um die dortige Kunst kennenzulernen, sondern entwickelte sich weitgehend selbständig zu einem der bedeutendsten deutschen Maler und Graphiker seiner Zeit.

Für den Passionsaltar des Augustiner-Chorherrenstifts in St. Florian bei Linz malte Albrecht Altdorfer um 1510 unter anderem acht Tafeln zur Passion Christi, darunter eine, die Christus vor dem Hohepriester Kajaphas zeigt.

Jesus wird in einer prächtigen Halle verhört. Der Fußboden ist mit kostbaren Fliesen belegt, und ein umlaufender Fries sowie goldene Kassetten schmücken das Tonnengewölbe. Im Hintergrund öffnet sich ein Gang, den ein Mann mit einer Fackel erhellt. Licht spenden zudem die beiden herabhängenden Ölampeln.

Rechts sitzt der jüdische Priester auf einem prunkvollen, überdachten Thron. Mit seinem Schwert gleicht er eher einem Kaiser als einem rechtsgelehrten Geistlichen. Aufgebracht beugt sich der hochgestellte Jude nach vorne und zerreißt sein grünes Gewand, da er in den Worten Jesu eine Gotteslästerung sieht. Das Zerreißen der Kleider wird bereits im Alten Testament immer wieder als ein Zeichen des Entsetzens oder der Trauer erwähnt (Ijob 1,20).

Wie ein Verbrecher wird Christus, barfuß und in Fesseln, von schwerbewaffneten Männern mit Fackeln festgehalten. Mit Gewalt wollen der Soldat in der Rüstung und der Jüngling im roten Kleid ihn näher zum Thron ziehen. Der Gottessohn strahlt jedoch völlige Ruhe aus und besticht inmitten des weltlichen Prunks durch seine edle Schlichtheit.

> Kassetten: Zur Verkleidung von Decken und Wänden aneinandergereihte Felder aus Holz oder Stuck, die von Profilleisten eingerahmt sind. Sie können mit Ornamenten geschmückt oder durch Bemalung verziert sein.

Bild 23
Christus vor Kajaphas *(um 1509-1519)*
Albrecht Altdorfer (um 1480-1538)
Öl auf Fichtenholz, 130 x 97 cm, Linz, St. Florian, Passionsaltar

PETRUS VERLEUGNET JESUS 1

Sie nahmen Jesus fest, führten ihn ab und brachten ihn in das Haus des Obersten Priesters. Petrus folgte ihnen in weitem Abstand. (...) Eine Dienerin bemerkte ihn im Schein des Feuers, sah ihn genauer an und sagte: „Der da war auch mit ihm zusammen!" Aber Petrus stritt es ab: „Frau, ich kenne ihn überhaupt nicht!" Bald darauf wurde ein Mann auf ihn aufmerksam und sagte: „Du gehörst doch auch zu denen!" Aber Petrus widersprach: „Mensch, ich habe nichts mit ihnen zu tun!" Etwa eine Stunde später bestand ein anderer darauf und sagte: „Kein Zweifel, der war auch mit ihm zusammen, er ist doch auch aus Galiläa." Aber Petrus stritt es ab: „Mensch, ich weiß überhaupt nicht, wovon du sprichst!" Und sofort, während er noch redete, krähte ein Hahn. Der Herr drehte sich um und sah Petrus an. Da fiel Petrus ein, was er zu ihm gesagt hatte: „Bevor heute der Hahn kräht, wirst du mich dreimal verleugnen und behaupten, daß du mich nicht kennst." Und er ging hinaus und begann, bitter zu weinen.
Lukas 22,54-62

Karl Caspar wurde 1879 in Friedrichs-hafen am Bodensee geboren. Nach seiner Ausbildung in Stuttgart und München fand er als Maler bald große Aner-kennung, die 1922 zu seiner Berufung als Professor an die Münchner Akademie der bildenden Künste führte. Während des Dritten Reiches leistete er jedoch Widerstand gegen die Kulturpolitik des Regimes, etwa als er sich weigerte, eine Schmähschrift gegen die ‚Moderne Kunst‘ zu unterschreiben. Daraufhin verfemten die Nationalsozialisten auch seine Bilder als „Entartete Kunst" und zwangen ihn, seine Professur aufzugeben. Dennoch hielt der Künstler an seiner modernen, den Expressionismus mitprägenden Malweise fest. Bis zu seinem Tod 1956 schuf Caspar vorwiegend Kunstwerke, in denen er sich mit biblischen Themen auseinandersetzte.

Auf dem Gemälde ‚Hahnenschrei II‘ von 1948 liegt die Erde noch im Dunklen und der Mond steht klar am Himmel. Doch schon spreizt der Hahn laut krähend seine Flügel und Petrus erkennt, daß er seinen Herrn in dieser Nacht drei Mal verleugnet hat, so wie Jesus es angekün-digt hatte. Der Jünger im roten Gewand wendet sich ab und schlägt verzweifelt die Hände vor das Gesicht. Vorne rechts steht ein Soldat mit hohem Helm und Lanze. Er scheint sich mit der Magd, die den Apostel erkannt und angesprochen hat, zu unterhalten. Alle drei bemerken daher nicht den Blick, den Jesus aus dem Saal im Hintergrund nach draußen wirft. Er hat den Schrei des Hahnes gehört und weiß wohl, wie traurig und von sich selbst enttäuscht Petrus nun ist. Aber er kann ihm nicht helfen, da er mit gefesselten Händen von den Söldnern festgehalten wird.

Jesus ist verhältnismäßig klein dargestellt. Dennoch richtet sich das Augenmerk auf seine Gestalt, weil Caspar ihn in das Zentrum des hellen Raumes im Hinter-grund rückte. Das goldene Leuchten scheint nicht von dem Saal, sondern von Jesus selbst auszugehen. Wie auf Licht-bahnen stehen Petrus und der Hahn, die so trotz der räumlichen Entfernung mit Christus verbunden sind.

Bild 24
Hahnenschrei II *(1948), Karl Caspar (1879-1956)*
Öl auf Leinwand, 96 x 80 cm, Privatbesitz

Expressionismus: Europäische Kunstrichtung von etwa 1905 bis 1925. Kräftige Farben, ausdrucksstarke Linien, sowie großformatige, meist vereinfachte Formen sind charakteristisch für die Gemälde, in denen die Künstler ihre Gefühle und Ideen zum Ausdruck bringen wollten.

Otto Dix erblickte 1891 in Gera das Licht der Welt. Der Zeichner, Graphiker und Maler zählt zu den wichtigsten deutschen Künstlern der Moderne. Die schockierenden Erlebnisse des ersten Weltkrieges versuchte er in einer Serie von Radierungen und in Gemälden zu verarbeiten, die schonungslos die Schrecken des Krieges zeigen. Später wandte er sich auch christlichen Motiven zu, von denen er insbesondere Jesus mit der Dornenkrone und als Gekreuzigten immer wieder aufgegriffen hat. 1958 entstand die Farblithographie ‚Petrus und der Hahn'.

Das Thema von der Verleugnung des Petrus haben im Laufe der Jahrhunderte viele Künstler aufgegriffen und oft wurde die Szene sehr ausführlich geschildert. Otto Dix hat dagegen den Bildinhalt drastisch reduziert. Geblieben sind nur das Haupt des Jüngers und der Hahn. Festgehalten ist der kurze Augenblick, in dem Petrus sich seines Versagens bewußt wird.

Vorwiegend gedämpfte Farben, Braun und Grau-Blau beherrschen das Bild. Den Großteil der Fläche füllt der flügelschlagende Hahn aus, der mit aufgerissenen Augen auf einer Mauer steht. Sein durchdringendes Krähen hat Dix mit den Strichen verdeutlicht, die von dem weit aufgesperrten Schnabel ausgehen. Die Flügel des Vogels gleichen Speerspitzen, die drohend in die Luft stoßen. Auch seine Krallen wirken wie scharfe, todbringende Waffen. Blutrot leuchtet der Kamm auf seinem Kopf wie die Sonne, die glühend am Horizont aufgeht. Der Morgen des Tages, an dem Jesus sterben soll, ist angebrochen.

Ein Flügel und eine Kralle des Hahnes zielen auf den Schädel des Petrus am unteren Bildrand. Aber noch schlimmer als diese Bedrohung durch das Tier ist sein schrecklicher Schrei, der Petrus durch Mark und Bein geht. Das Krähen, das den Jünger so sehr bedrängt, erscheint wie ein zweiter Hahnenkamm über seinem Kopf.

Petrus ist verzweifelt, weil er seinen Herrn im Stich gelassen und verleugnet hat. Tränen rinnen aus seinen Augen, und seine Stirn ist von Trauer zerfurcht. Einzelne Bartstoppeln lassen ihn nach der durchwachten Nacht noch mitleiderregender aussehen. Er schlägt die Hände vor das Gesicht, aber der Trauer und Reue kann er sich nicht entziehen.

Otto Dix hat den Kopf des Petrus stark vereinfacht und ihm dennoch nichts von seiner Aussagekraft genommen. Im Gegenteil, die Formen gewinnen durch ihre Klarheit an direkter Wirkung. Das gedämpfte und trotzdem auffallende Rot-Braun sowie die schwarzen Linien kontrastieren stark und erzielen so eine dramatische Spannung.

Farblithographie: Auf porösen Steinplatten wird mit fetthaltiger Tinte oder Kreide gezeichnet. Nach mehreren Bearbeitungsstufen haftet die aufgetragene Farbe an den durch Fett geschützten Flächen, die sich deshalb beim Drucken abzeichnen. Farblithographien entstehen durch das Übereinanderdrucken von mehreren Platten mit verschiedenen Farben.

Bild 25
Petrus und der Hahn *(1958)*
Otto Dix (1891-1969)
Farblithographie auf Kupferdruckpapier, 57 x 45,8 cm

DER PROZESS VOR PILATUS

Die Todesstrafe durfte zur Zeit Jesu nicht von den Juden selbst vollzogen werden, sondern blieb den römischen Fremdherrschern vorbehalten. Ein Angeklagter, der zum Tode verurteilt werden sollte, mußte unter die Gerichtsbarkeit der Römer gestellt werden. Daher führten die Obersten Priester und Schriftgelehrten Jesus vor Pontius Pilatus, den Statthalter des Reiches in der Provinz Judäa. Dieser war wegen einiger Fehlgriffe in Rom nicht sehr angesehen und wollte jede Art von Unruhe in Jerusalem vermeiden.

Der Vorwurf, gegen den jüdischen Gott gelästert zu haben, war für Pilatus kein ausreichender Anlaß, Jesus zum Tode zu verurteilen. In einem langen Gespräch versuchte er, die wahren Gründe der Anklage herauszufinden. Pilatus bewunderte Jesus sogar, als er ihn mit dem Ausruf „Ecce Homo!" – „Sehet, welch ein Mensch!" (Übersetzung bei Luther, Johannes 19,5) den Juden vorstellte. Erst als die Pharisäer und Schriftgelehrten dem Statthalter vorwarfen, die Interessen des römischen Kaisers zu vernachlässigen, fällte er das Urteil gegen Jesus als einen Aufrührer des Volkes, der sich König der Juden nenne. Obwohl Jesus ihm versichert hatte, sein Königreich stamme nicht von dieser Welt (Johannes 18,36), verurteilte Pilatus ihn zum Tod, um die Ruhe in seinem Herrschaftsgebiet sicherzustellen.

Römische Soldaten peitschten Jesus im Palast aus, trieben ihren Spott mit ihm und setzten ihm eine Dornenkrone auf sein Haupt. In den Evangelien von Matthäus und Markus war die Auspeitschung Teil der Todesstrafe. Durch sie wurde der Körper des Verurteilten so sehr geschwächt, daß sich die Leidenszeit am Kreuz verkürzte. Bei Lukas und Johannes hatte Pilatus dagegen die Geißelung als eigene Strafe angeordnet, weil er Jesus danach freilassen wollte.

JESUS VOR PILATUS

Die führenden Priester brachten Jesus am frühen Morgen von Kajaphas zum Palast des römischen Statthalters. (...) Pilatus kam zu ihnen heraus und fragte: „Welche Anklage erhebt ihr gegen diesen Mann?" Sie antworteten: „Wenn er kein Verbrecher wäre, hätten wir ihn dir nicht übergeben." (...) Pilatus ging in den Palast zurück und ließ Jesus vorführen. „Bist du der König der Juden?" fragte er ihn. Jesus sagte: „Mein Königtum stammt nicht von dieser Welt. (...)" Da fragte Pilatus ihn: „Du bist also doch ein König?" Jesus antwortete: „Ja, ich bin ein König. (...)" Pilatus ging wieder zu den führenden Priestern hinaus und sagte zu ihnen: „Ich sehe keinen Grund, ihn zu verurteilen. Es ist aber üblich, daß ich euch jedes Jahr zum Passafest einen Gefangenen freilasse. Soll ich euch den König der Juden freigeben?" Sie schrien: „Nein, den nicht! Wir wollen Barabbas!" Barabbas aber war ein Straßenräuber. Johannes 18,28-40

Während Pilatus auf dem Richterstuhl saß, ließ seine Frau ihm ausrichten: „Laß die Hände von diesem Gerechten! Seinetwegen hatte ich letzte Nacht einen schrecklichen Traum." Matthäus 27,19

Julius Schnorr von Carolsfeld wurde 1794 in Leipzig geboren. Der Maler und Zeichner schloß sich 1818 den Nazarenern (vergleiche Bild 1) in Rom an und übernahm deren an der frühen Renaissance orientierten Stil. 1860 schuf er 240 Holzschnitte für ‚Die Bibel in Bildern‘. Dieses Buch bezeichnete der Künstler in seinem Vorwort als ein „Volkswerk", das auch den einfacheren Menschen „die heilige Weltgeschichte vor die Augen halten" solle. 1872 starb Julius Schnorr von Carolsfeld in Dresden. Einer der Drucke in der Bilderbibel zeigt die Gerichtsverhandlung gegen Jesus vor Pilatus.

Vor dem Palast des römischen Statthalters haben sich viele Juden versammelt, die Jesus anklagen. Rufend und wild gestikulierend versuchen sie, Pilatus davon zu überzeugen, daß er Jesus zum Tod verurteilen müsse. Der römische Statthalter sitzt neben den Stufen, die zum Eingang seines Palastes führen. Ratlos setzt er sich mit den aufgebrachten Männern auseinander. Er begreift nicht, warum der in seinen Augen Unschuldige sterben soll und gibt durch die Gesten seiner Hände zu verstehen: „Ich sehe keinen Grund, ihn zu verurteilen."

Verunsichert ist er aber auch, weil seine Frau ihn vor einer Verurteilung Jesu gewarnt hat. Sie steht im Treppenaufgang an einer Säule und richtet mahnend ihren Zeigefinger auf die Marterwerkzeuge, die hinter ihr herangetragen werden: Mehrere Männer schleppen ein schweres Holzkreuz und eine hohe Leiter. Auch Lanzen sowie der Stab mit dem Essigschwamm, der dem gekreuzigten Jesus gereicht wird, sind bereits zu sehen.

Julius Schnorr von Carolsfeld hat noch einen späteren Augenblick des Prozesses gegen Jesus festgehalten. Christus trägt einen Mantel und eine Dornenkrone auf dem Haupt. In einer Hand hält er einen Stab als Zepter. Pilatus deutet auf ihn und jetzt sagen die Hände des Richters: „Da, seht ihn euch an, den Menschen!" (vergleiche Bilder 31 und 32).

Holzschnitt: Ende des 14. Jahrhunderts entstanden, gilt er als ältestes Druckverfahren Europas. Aus einem hölzernen Druckstock werden Flächen und Linien herausgeschnitten. Die erhaben stehenbleibende Zeichnung wird eingefärbt und anschließend auf die Papierfläche gedruckt.

JESUS WIRD GEGEISSELT

Da ließ Pilatus Jesus abführen und auspeitschen.
Johannes 19,1

Die Figurengruppe eines unbekannten Meisters (Bild 27) des 13. Jahrhunderts, die aus Limoges ins Museum nach Paris kam, deutet die Geißelung nur symbolisch an: Die Füße Jesu berühren den Boden nicht, lediglich die Säule, an die er gefesselt ist, verbindet den schwerelosen Körper mit der Erde. Gemäß dem Christusbild der Romanik bleibt er von den Leiden der Folter unberührt und strahlt Ruhe und Gelassenheit aus. Die beiden Henkersknechte stehen im

Gegensatz dazu mit beiden Beinen auf der Erde. Mit ihren kraftlos wirkenden Armen und den kurzen Stöcken können sie Jesus aber nichts anhaben.

Ganz anders hat Hans Brüggemann die Geißelung dargestellt. Der große Holzschnitzer aus Norddeutschland wurde um 1480 in Walsrode geboren. Zu den wenigen erhalten gebliebenen Werken zählt der Bordesholmer Altar im St.-Petri-Dom zu Schleswig, der 1521 vollendet wurde.

Er umfaßt 16 Passionsszenen, darunter auch die ‚Geißelung‘ (Bild 28). Die Wächter setzen ihre ganze Körperkraft ein, um auf Jesus einzuschlagen. Mit weit ausholenden Armen peitschen sie so heftig, daß ihre Ruten auseinanderfallen und sie neue binden müssen.

Bild 27
Geißelung
(1240-1250)
entstanden in Limoges
Kupfer, vergoldet
Paris
Musée de Cluny

Bild 28
Geißelung *(1521)*
Hans Brüggemann
(um 1480
letztmals erwähnt 1523)
Eichenholz
Schleswig
St.-Petri-Dom
Bordesholmer Altar

Jesus ist an eine Säule gefesselt und leidet unter den Schmerzen. Die Beine können ihn kaum noch tragen und sein Kopf sinkt zur Seite. Neben der rohen Kraft seiner Peiniger und ihren angespannten Muskeln wirkt sein Körper schwach, obwohl auch er einen athletischen Körperbau besitzt. Jesus ist hier ganz Mensch, der schutzlos körperlichen Qualen ausgesetzt ist.

Im Hintergrund wohnen mehrere Zuschauer gefaßt und ernst der Geißelung bei. Die individuelle Ausarbeitung ihrer Gesichtszüge entspricht dem Streben nach realistischer Gestaltung in der Kunst der Renaissance. Auf der linken Seite stehen orientalisch gekleidete Männer mit Turban und hohen Kappen. Die Figuren rechts daneben sind dagegen der Mode des frühen 16. Jahrhunderts gemäß gekleidet. Möglicherweise hat Brüggemann so bei diesen beiden Gruppen zwischen Juden und Christen unterschieden.

Romanik: Mittelalterliche Stilperiode zwischen dem Anfang des 11. Jahrhunderts und der Mitte des 13. Jahrhunderts, die vor allem religiös geprägte Kunst hervorbrachte. In der Bildhauerei wurde mehr Wert auf das Vermitteln von zeichenhafter Symbolik gelegt, als auf eine realistische Wiedergabe des Körpers.

JESUS WIRD MIT DORNEN GEKRÖNT

Die Soldaten flochten aus Dornenzweigen eine Krone und setzten sie Jesus auf.
Johannes 19,2

Zum Engelberger Psalterium siehe auch Bild 36.

Um 1335 entstand ein Psalterium, das sich heute in der Stiftsbibliothek in Engelberg befindet. Wie viele religiöse Schriften des Mittelalters wurde auch das Engelberger Psalterium mit Buchmalereien verziert, die unter anderem die Passion Christi veranschaulichen. Eines der Bilder zeigt die Dornenkrönung Jesu.

Die Miniatur ist von einem blauen und einem roten Rahmen umgeben, die feine weiße Linien durchziehen. Der Goldgrund unterstreicht die Heiligkeit des Dargestellten. Wie auf einer Bühne sitzt Jesus im Zentrum auf einem verzierten Thron. Zwei Männer drücken ihm mit einer Stange die Dornenkrone auf das Haupt. Entsprechend der Bedeutungsperspektive erscheinen sie weitaus kleiner als der sitzende Heiland. Sie tragen beide einen Spitzhut, der in der mittelalterlichen Kunst als Kennzeichen für Juden verwendet wurde. Nach den Evangelien waren es jedoch keine Juden, sondern römische Soldaten, die Jesus mit der Dornenkrone folterten.

Die beiden Männer wirken unbeholfen in ihrem Bemühen, Christus Schaden zuzufügen: Sie ziehen so sehr an der Stange, daß diese sich durchbiegt. Die Knie der Juden sind leicht gebeugt, weil sie ihr ganzes Gewicht einsetzen. Jesus bleibt aber unberührt von der Mißhandlung. Aus der Dornenkrone wird eine Königskrone und die Blutstropfen verwandeln sich in Edelsteine. Dazu passen

sein Purpurgewand und das goldene Zepter, das er in seiner Rechten hält. Seine linke Hand ist lehrend erhoben. Diese Haltung, das wallende blonde Haar sowie das Gesicht mit den geröteten Wangen und dem sanften Lächeln entsprechen dem Ideal eines weltlichen Fürsten in der damaligen Kunst.

Zusätzlich überhöht wird die Szene durch den Baldachin, der sich über die drei Figuren spannt und dem Geschehen einen würdigen Rahmen verleiht. Das Blau des Unterkleids Jesu und des Trapezes in der Mitte verweisen auf den Himmel, dem der Gottessohn auch während der Zeit seines irdischen Daseins angehört. Die ‚Dornenkrönung‘ ist wie bei der Figurengruppe der ‚Geißelung‘ aus Limoges (vergleiche Bild 27) eine symbolhafte Darstellung, die nicht das Leiden Jesu zeigt, sondern eine Vorausschau auf den künftigen Weltenherrscher.

> Psalterium: Liturgisches Buch, das die 150 Psalmen enthält.
> Bedeutungsperspektive: Auf mittelalterlichen Bildern sind Figuren oft unterschiedlich groß gemalt, obwohl sie räumlich auf gleicher Ebene stehen. Je wichtiger die abgebildete Person war, desto größer und zentraler wurde sie dargestellt.

Bild 29
Dornenkrönung *(um 1335)*
Buchmalerei, 16 x 13 cm, Engelberg, Stiftsbibliothek
Engelberger Psalterium (Chorpsalter), Cod. 60 fol. 12v

JESUS WIRD VERSPOTTET

Sie hängten ihm einen purpurfarbenen Mantel um, traten vor ihn hin und riefen: „Hoch lebe der König der Juden!" Dabei schlugen sie ihm ins Gesicht. Johannes 19,3

Guido di Pietro wurde um 1387 bei Florenz geboren. Im Alter von etwa 18 Jahren trat er in den Dominikaner-Konvent in Fiesole bei Florenz ein, wo er zunächst als Miniaturenmaler arbeitete. Bekannt geworden unter dem Namen Fra Angelico, wurde er von seinen Zeitgenossen hoch geschätzt und erhielt zahlreiche Aufträge für Altarbilder und Fresken, etwa in der Privatkapelle von Papst Nikolaus V. im Vatikan. Fra Angelico starb 1455 während eines Aufenthalts in Rom.

Sein Konvent übersiedelte um 1438 von Fiesole nach Florenz. Die rasche Errichtung des Klosters und seine reiche Ausstattung waren wohl nur möglich, weil Cosimo de Medici, der damals mächtigste Mann in Florenz, die Dominikaner großzügig unterstützte. Dessen Spenden ermöglichten es Fra Angelico, mit seinen Schülern und Gehilfen nicht nur den Kapitelsaal und das Refektorium im neu gebauten Kloster San Marco auszumalen, sondern auch die Mönchszellen mit Andachtsbildern zu versehen. Unter diesen berühmten Werken befindet sich auch die ‚Verspottung Christi'.

In einer Wand scheint sich ein Durchblick in den angrenzenden Raum zu öffnen. Im Vordergrund kauern auf einer Stufe Maria und der heilige Dominikus. Beide waren bei der Verspottung nicht anwesend, aber Fra Angelico bezog sie als Vermittler in das Fresko mit ein, um den Mönchen die Szene näher zu bringen und ihnen ein Vorbild im Umgang mit dem Geschehen zu liefern. Die Mutter Jesu hat sich trauernd von ihrem gepeinigten Sohn abgewandt, und der Gründer des Dominkanerordens liest nachdenklich in der Bibel.

Beide Figuren gehören eher zum irdischen Bereich der Mönchszelle als zu Christus, der in tiefer Einsamkeit auf einem roten Block sitzt. Sein weißes Gewand hebt ihn vom grünen Hintergrund ab, der einem vor die Wand gespannten Tuch gleicht. Der Kreuznimbus läßt Jesus trotz der schmalen Dornenkrone groß und majestätisch erscheinen. Auch in der Stunde der tiefsten Erniedrigung sitzt er erhaben wie ein Herrscher auf seinem Thron und hält Stab und Kugel, wie Zepter und Reichsapfel in den Händen.

Die Augen des Gottessohns sind mit einem weißen Band verbunden, daher sieht er die Peiniger nicht, die ihn verspotten. Fra Angelico bildete die römischen Soldaten nicht als ganze Figuren ab, sondern nur die Teile ihrer Körper, mit denen sie versuchen, Jesus zu erniedrigen. Die schlagenden Hände, ein Kopf mit höhnisch gezogenem Hut, der Christus bespuckt, und eine Hand mit dem Stock symbolisieren den Spott, den die Legionäre mit ihm treiben. Mit seiner schlichten Darstellungsweise setzte Fra Angelico eine wichtige Regel des Dominikaner-Ordens, das Streben nach größter Einfachheit, auch bei den Fresken in den Mönchszellen um.

Bild 30
Verspottung Christi *(zwischen 1439 und 1449)*
Fra Angelico (um 1387-1455)
Fresko, Florenz, Museo San Marco

ECCE HOMO 1

Darauf ging Pilatus noch einmal zu ihnen hinaus und sagte: „Ich bringe ihn euch hier heraus, damit ihr seht, daß ich keinen Grund zu seiner Verurteilung finden kann." Als Jesus herauskam, trug er die Dornenkrone und den purpurfarbenen Mantel. Pilatus sagte zu ihnen: „Da, seht ihn euch an, den Menschen!" Als die führenden Priester und die Gerichtspolizisten ihn sahen, schrien sie im Chor: „Kreuzigen! Kreuzigen!"
Johannes 19,4-6a

Honoré Daumier wurde 1808 in Marseille als Sohn eines Glasermeisters geboren. Bekannt wurde der Künstler vor allem durch seine Karikaturen, die gegen alles Reaktionäre in Staat und Gesellschaft gerichtet waren. Besonders fasziniert war er von sensationslüsternen, gedankenlosen Menschen in Theatern und Gerichtssälen. Erst in der Mitte seines Lebens wandte sich Daumier der Ölmalerei zu. So entstand um 1850 auch das Gemälde ‚Ecce Homo'. Ende der 60er Jahre begann der Künstler zu erblinden und starb 1878 verarmt in Valmondois.

Viele Menschen drängen sich um das Podest, auf dem Christus dem Volk vorgeführt wird. Die Szene ist in Licht getaucht, das an den in der mittelalterlichen Kunst gebräuchlichen Goldgrund erinnert.

Die Menge starrt gebannt auf den Balkon, einige zeigen mit dem Finger auf Jesus. Ein Mann hat sein Kind auf den Arm genommen, damit es den Gefangenen besser sehen kann. An einem Mauervorsprung zieht sich ein Junge hoch, um einen Blick auf Jesus zu werfen. Die beiden jungen Menschen sind unbekleidet, so daß das Licht sie von der dunklen Menge abhebt. Daumier wollte wohl so die Kinder als unschuldige Wesen in Kontrast zu den Erwachsenen setzen.

Pilatus beugt sich weit über die Brüstung nach vorne und zeigt mit gestrecktem Arm auf Jesus. Er versucht die Aufgebrachten zu seinen Füßen davon zu überzeugen, daß ein Unschuldiger vor ihnen steht, aber sie wollen nicht auf ihn hören. Neben dem römischen Statthalter steht Jesus, ruhig und hoch aufgerichtet wie ein Fels in der Brandung. Deutlich hebt sich die Dornenkrone vom hellen Himmel ab. Die Hände Jesu sind mit einem Strick gefesselt, den ein Soldat hinter ihm hält. Anders als bei Pilatus und den Zuschauern, denen der Maler mit kräftigen Strichen Kontur verlieh, hat Daumier bei Jesus auf eine solche Linie verzichtet. So scheint der menschgewordene Gott von einer Aura umgeben, die mit dem Himmel verbunden ist.

Bild 31
Ecce Homo *(um 1850)*
Honoré Daumier (1808-1878)
Leinwand, 162 x 130 cm
Essen, Folkwang Museum

ECCE HOMO 2

Pilatus sagte zu ihnen: „Nehmt ihn doch und kreuzigt ihn selbst! Ich finde keinen Grund, ihn zu verurteilen." Sie hielten ihm entgegen: „Wir haben ein Gesetz, und nach diesem Gesetz muß er sterben, denn er hat sich zu Gottes Sohn erklärt. (...) Wenn du ihn freiläßt, bist du kein Freund des Kaisers! Wer sich als König ausgibt, stellt sich gegen den Kaiser!"
Johannes 19,6b-12

Der Maler Tiziano Vecellio, um 1488 in Pieve di Cadore (Dolomiten) geboren, ist unter seinem Kurznamen Tizian als einer der berühmtesten Künstler der späten Renaissance und des beginnenden Barock bekannt. Schon zu Lebzeiten war der Italiener als Maler gefragt und portraitierte sogar den Papst und den Kaiser. Tizian starb 1576 vermutlich an der Pest in Venedig und wurde dort in der Frari-Kirche begraben.

In seinem Gemälde ‚Ecce Homo' von 1543 zeigt Tizian, wie Pilatus den gegeißelten und mit Dornen gekrönten Jesus dem Volk vorführen läßt.

Unter der Menge befinden sich sehr unterschiedliche Menschen: Ein Orientale mit großem Turban und ein Hauptmann in Rüstung auf edlen Pferden, sowie ein dicker Pharisäer in einem prächtigen roten Mantel mit Pelzkragen wohnen der Vorführung Jesu bei, der links oben auf dem Treppenabsatz steht. Eine junge, weißgekleidete Frau in der Mitte legt gedankenverloren die Hand auf die Schulter ihres Kindes, das aber nur Augen für die Wachen hat. Diese wirken gelassen, die Verhaftung eines Aufrührers ist für sie eine alltägliche Handlung.

Die ruhigen Soldaten und die Frau stehen in scharfem Kontrast zu den aufgebracht gestikulierenden Anklägern im Hintergrund. Diesen Gegensatz zeigte Tizian

nochmals links unten im Bild: Dort sitzt ein Mann mit seinem Hund und wiegelt die unsichtbar bleibenden Menschen vor sich mit wutverzerrtem Mund und gesträubten Haaren auf. Dagegen wendet sich der kräftige römische Soldat nur träge nach Jesus um. Sein Schild zeigt den doppelköpfigen Reichsadler, mit dem Tizian seine enge Verbundenheit zum kaiserlichen Haus der Habsburger ausdrückte.

Außerdem liegt wie zufällig ein Zettel auf den Stufen der Treppe, dessen Inschrift „Titianus Eques Ces. 1543" den Künstler als kaiserlichen Ritter ausweist.

Der symmetrische Bildaufbau, der in der frühen Renaissance noch als ideal empfunden wurde, wich im 16. Jahrhundert zunehmend unregelmäßigen Kompositionen, oft unter der Betonung von Diagonalen. Tizian hat Christus völlig aus dem Zentrum herausgerückt. Dennoch bleibt er die beherrschende Figur des Bildes, denn die Treppenstufen und die deutenden Menschen lenken den Blick geradewegs auf ihn.

Im Purpurmantel und mit der Dornenkrone auf dem gesenkten Haupt steht Jesus der Menge gegenüber. Er blutet und kann sich kaum noch auf den Beinen halten. Ein Soldat muß ihn stützen und gleichzeitig scheint er den Gepeinigten nach vorne zu stoßen.

Bild 32
Ecce Homo *(1543)*
Tizian (1487/90-1576)
Öl auf Leinwand, 242 x 361 cm
Wien, Kunsthistorisches Museum

Mit halb mitleidiger, halb spöttischer Geste präsentiert Pilatus Jesus dem Volk. Er wollte Christus zunächst frei lassen, befiehlt aber kurz darauf, ihn hinzurichten, da er Zweifel an seiner eigenen Kaisertreue fürchtet und politische Unruhen vermeiden will. Um den Druck, unter dem der Statthalter steht, zu verdeutlichen, malte Tizian einen Fahnenträger, der über den Köpfen der Menge eine Standarte mit einem gestickten „R" für ‚Rom' schwenkt.

PILATUS WÄSCHT SEINE HÄNDE IN UNSCHULD 1

Als Pilatus merkte, daß seine Worte nichts ausrichteten und die Erregung der Menge nur noch größer wurde, nahm er Wasser und wusch sich vor allen Leuten die Hände. Dabei sagte er: „Ich habe keine Schuld am Tod dieses Mannes. Das habt ihr zu verantworten!" Das ganze Volk schrie: „Wenn er unschuldig ist, dann komme die Strafe für seinen Tod auf uns und unsere Kinder!"
Matthäus 27,24-25

Der Albani-Psalter von St. Godehard in Hildesheim stammt aus dem 12. Jahrhundert. Das Buch enthält unter anderem eine Miniatur, die die Handwaschung des Pilatus zeigt.

Das Bild ist von einem Rahmen mit Blattornamenten eingefaßt. Die stilisierten Blätter weisen ungewöhnlich dicke Mittelrippen auf, und ihre Zwischenflächen sind abwechselnd in blassem Blau, Grün oder Gelb ausgemalt. Im Hintergrund ragen drei Türme hinter den Bögen und Pfeilern hervor, die den Raum unterteilen und so für zwei Menschengruppen jeweils einen eigenen Bereich schaffen. Die Figuren sind überlängt und scheinen nicht auf dem felsigen Boden zu stehen, sondern darüber zu schweben. Unter der linken Kuppel befindet sich Pilatus mit einer spitzen Haube. Der schmale Bogen erweist sich als ein Stilmittel, das die Bedeutung des Statthalters besonders unterstreicht. Hinter ihm hält ein Diener den Umhang und den Ärmel seines Herrn zurück, damit die Kleider bei der Reinigung nicht naß werden.

Unter dem rechten Bogen hat sich eine Menschenmenge eingefunden. Die Männer reden auf Pilatus ein und heben gestikulierend ihre Hände, die durch ihre Größe noch eindringlicher wirken. Der Anführer der Juden trägt wie Pilatus eine spitze Haube. Er bezichtigt wohl gerade den Statthalter, daß er die Interessen des Kaisers nicht beachte, wenn er Jesus frei lasse.

Zwischen ihm und Pilatus duckt sich ein zweiter Diener mit einem weißen Handtuch auf den Schultern, das einer Stola ähnelt. Er gehört zur Gruppe um Pilatus, die somit etwa ebensoviel Raum einnimmt, wie die der Kläger. Aus einer bauchigen Flasche gießt er frisches Wasser über die rechte Hand seines Herrn in die Schüssel. Mit gesenktem Kopf weicht er den Tropfen aus, die über ihn hinwegfliegen, denn Pilatus spritzt mit der Linken Wasser auf die Menge. So gibt der Richter symbolisch die Schuld an die Menschen weiter, die den Tod Jesu erzwingen.

Jesus selbst ist nirgends zu sehen. Sein Platz ist bei der Verurteilung üblicherweise vor Pilatus, dort aber steht nur die helle Säule mit dem reich verzierten Kapitell. Vor ihr findet die eigentliche Handwaschung statt: Schüssel, Hand und Flasche liegen genau übereinander und erst der Wasser versprengende Arm durchbricht die Gerade. Im Matthäus- und im Markus-Evangelium wird Jesus nach dem Urteil des Pilatus zuerst ausgepeitscht, bevor er zu seiner Hinrichtung abgeführt wird. Entsprechend den Glaubensvorstellungen im Mittelalter wurde er dazu an eine Säule gefesselt, wie sie hier abgebildet ist.

Bild 33
Pilatus wäscht seine Hände in Unschuld *(Anfang 12. Jahrhundert)*
Buchmalerei, 18,4 x 13,9 cm, Hildesheim, Dombibliothek
Albani-Psalter, Handschrift St. God 1 (Eigentum der Pfarrgemeinde St. Godehard)

PILATUS WÄSCHT SEINE HÄNDE IN UNSCHULD 2

Das Stundenbuch der Marguerite d'Orléans zeichnet sich durch sehr feine Buchmalereien aus. Auf einer besonders schönen Seite befindet sich die Handwaschung des Pilatus in einem aufwendig gestalteten Rahmen.

Auf einem goldenen Feld liegen die Buchstaben einer altertümlichen Schrift. Vier bäuerlich gekleidete Figuren ernten diese außergewöhnlichen Früchte; sie kehren die Zeichen mit Reisigbesen zusammen und sammeln sie in Körben oder umgebundenen Tüchern. Die sieben blau unterlegten Medaillons zeigen in den von gewundenen Ranken begrenzten Kreisen mittelalterliche Symbole: Die weißen Veilchen unten rechts stehen für die Bescheidenheit, wegen ihrer Farbe und ihres Duftes aber auch für die Reinheit und Jungfräulichkeit der Maria. Die Nelken darüber gelten aufgrund ihrer Form als Symbol für die Nägel, mit denen Jesus ans Kreuz geschlagen wurde. Die dreiblättrigen Erdbeeren versinnbild-lichen die Dreieinigkeit und die Rosen in der linken oberen Ecke die Passion Jesu, da ihr Rot an sein Blut und ihre Stacheln an die Dornenkrone erinnern.

Unter der Handwaschung steht in lateinischer Sprache der erste Vers aus Psalm 70. Luther übersetzte ihn mit den Worten: „Eile, Gott, mich zu erretten, Herr, mir zu helfen!" Die geschwungene Initiale ‚D' des ersten Wortes Deus enthält das rautenförmige Frauenwappen der Marguerite d'Orléans.

Die Malerei über dem knappen Text-abschnitt zeigt viele Menschen, die sich an den Fenstern und Türen im Palast des Pilatus drängen. Düster blickende Männer und grimmige Soldaten ver-

suchen einen Blick auf die Handlung im Vordergrund zu erhaschen. Dort sitzt im Zentrum der auffallend rot gekleidete Pilatus auf einem Thron mit einem blauen Baldachin. Er und sein Berater am linken Bildrand tragen am Gürtel auffallende Geldtaschen, die darauf hinweisen, wie sehr die beiden Männer ihrem irdischen Besitz zugetan sind. Pilatus wendet sich zur Seite und wäscht sich mit ernstem Gesicht seine Hände in einer goldenen Schüssel, in die ein Diener aus einer Kanne Wasser gießt.

Christus ist in seinem blauen Kleid sehr schlicht und unauffällig gestaltet. Er wird von zwei Soldaten bewacht und fest-gehalten. Seine Hände sind gebunden und er neigt demütig das Haupt, das von einem großen Kreuznimbus umgeben ist.

Doch Jesus ist nicht allein: Über dem Thron von Pilatus wölbt sich die blaue Decke wie ein Sternenhimmel. Dort schwebt als kleine bärtige Figur Gott-vater in einem Strahlenkranz und zeigt so sein Wohlgefallen an dem Sohn (Matthäus 3,17 und 17,5).

Stundenbuch: Gebetbuch für Laien, das neben Gebeten für bestimmte Tages-zeiten auch religiöse Texte enthält. Nach 1400 wurden viele Stundenbücher mit Miniaturen ausgestattet.
Initiale: In der Buchmalerei hervorge-hobener Anfangsbuchstabe eines Textes, der oftmals in eine Miniatur eingefügt ist oder eine Miniatur enthält.

Bild 34 **Pilatus wäscht seine Hände** *(um 1430), Buchmalerei, 20,9 x 14,8 cm*
Paris, Nationalbibliothek, Stundenbuch der Marguerite d'Orléans, fol. 125

HINRICHTUNG

Pilatus verurteilte Jesus nicht zum Tode durch Steinigung, wie es das jüdische Recht bei Gotteslästerung vorsah (3. Mose/Levitikus 24,14), sondern zum Sterben am Kreuz. Diese Form der Hinrichtung war die grausamste Strafe bei den Römern, die vor allem gegen Sklaven und gegen Aufständische verhängt wurde. Pilatus mußte den Vorwurf, Jesus bezeichne sich als König der Juden, als Hochverrat gegen den römischen Staat werten, der einem Aufstand gleichzusetzen war.

Die Verurteilten trugen auf ihrem Weg zur Hinrichtungsstätte häufig nur den Querbalken des Kreuzes. In der bildenden Kunst führt Jesus aber fast immer das ganze Kreuz mit sich, um den Akt der Kreuztragung zu verdeutlichen. Auf den Bildwerken der Stationen eines Kreuzweges bricht Jesus meist drei mal zusammen, was in den Evangelien jedoch nicht ausführlich beschrieben wird. Diesen Zusammenbrüchen werden tröstliche Begegnungen gegenübergestellt: die Hilfe des Simon von Zyrene, das Wiedersehen mit seiner Mutter Maria und Veronika, die ihm das Schweißtuch reicht.

Die Künstler versuchten, sich mögliche Begebenheiten vor der Kreuzigung vorzustellen, auch wenn sie nicht in den Texten zur Passion genannt werden. So schufen sie zu Motiven wie der Entkleidung Jesu, zu Christus im Elend, der Kreuzannagelung und der Kreuzaufrichtung Kunstwerke, die keine konkrete Entsprechung in der Bibel haben. Das zentrale Motiv der Bilder zur Passion blieb jedoch der am Kreuz hängende Jesus und sein Sterben, das über die Jahrhunderte auf vielfältige Weise dargestellt wurde.

KREUZTRAGUNG 1

Sie führten Jesus zur Hinrichtung. Unterwegs hielten die Soldaten einen Mann aus Zyrene mit Namen Simon an, der gerade vom Feld in die Stadt zurückkam. Ihm luden sie das Kreuz auf, damit er es hinter Jesus hertrage. Eine große Volksmenge folgte Jesus, darunter auch viele Frauen, die sich auf die Brüste schlugen und laut weinten. (...) Zusammen mit Jesus wurden auch zwei Verbrecher zur Hinrichtung geführt. Lukas 23,26-27 und 32

Ein unbekannter niederrheinischer Künstler hat zwischen 1470 und 1490 die Altartafel mit der ‚Kreuztragung‘ geschaffen.

Im Hintergrund liegt Jerusalem auf einer Anhöhe. Wehrhafte Bauten, Bürgerhäuser und repräsentative Gebäude aus Stein prägen das Stadtbild. Der Zug der Menschen, die Jesus nach Golgota begleiten, hat das Stadttor hinter sich gelassen. Am rechten Rand ist die Richtstätte bereits zu sehen. Zwei Männer heben dort das Loch für das Kreuz Christi aus, und viele Neugierige steigen schon den steilen Weg zu dem Hügel hinauf.

Die Menge um Jesus erscheint zunächst nur schwer überschaubar. Das liegt in erster Linie an den vielen Soldaten in schwarzen Rüstungen, die mit ihren Lanzen und Stöcken Unruhe ins Bild bringen. Einige verhöhnen Christus und lachen über ihn. Einer stößt ihm brutal seine lange dornenbesetzte Waffe in den Rücken und zieht ihn an den Haaren.

Am linken Rand erscheinen die klagenden Frauen. In ihrer Mitte wird Maria von Johannes im roten Mantel gestützt. Die goldenen Heiligenscheine kennzeichnen diese kleine Gruppe.

Rechts gehen in zerrissenen Kleidern und mit hinter dem Rücken gefesselten Händen die Verbrecher, die gemeinsam mit Christus gekreuzigt werden sollen.

Offensichtlich ist es dem Meister vom Niederrhein schwergefallen, die beiden Figuren von hinten zu malen: Ihre Gliedmaßen wirken verdreht, die Füße erscheinen nach oben geklappt und die Gesichter sind im Profil gemalt.

Obwohl Simon von Zyrene Christus beim Tragen des Kreuzes hilft, geht dieser gebeugt vor Erschöpfung. Blutstropfen fallen von seinem Haupt mit der Dornenkrone sowie von seinen Händen und Füßen, so daß sie den zurückgelegten Weg markieren.

Trotzdem lächelt Jesus der Frau im auffällig roten Kleid zu, die vor ihm in die Knie gesunken ist. Es ist die heilige Veronika, die Christus am Rand des Kreuzwegs ein Schweißtuch gereicht hat. Auf dem Stoff des Tuches soll sich das Abbild vom Antlitz des Herrn erhalten haben. Der Name der Heiligen wird deshalb auch von den griechischen Wörtern ‚vera ikon‘ (= wahres Bild) abgeleitet. Es bestehen jedoch Zweifel daran, ob es die viel verehrte und oft dargestellte Heilige überhaupt gegeben hat.

Bild 35
Kreuztragung *(um 1470/1490)*
Niederrheinischer Meister
Eichenholz, 140 x 136 cm
Köln, Wallraf-Richartz-Museum

KREUZTRAGUNG 2

Er trug selber sein Kreuz hinaus, bis zum sogenannten Schädelplatz – auf hebräisch heißt er Golgota.
Johannes 19,17

Zum Engelberger Psalterium siehe auch Bild 29.

Wie bei der Miniatur mit der ‚Dornenkrönung‘ umgeben ein blauer und ein roter Rahmen die ‚Kreuztragung Christi‘ aus dem Engelberger Psalterium.

Vor dem zur damaligen Zeit üblichen Goldgrund bewegen sich die drei Figuren auf einem schmalen Bodenstreifen. Daß Jesus hier von Juden mit den spitzen Hüten nach Golgota geführt wird, steht im Widerspruch zur Bibel, nach der römische Soldaten ihn zum Ort der Kreuzigung brachten. Das Abweichen von den Evangelien war aber wohl kein Versehen, sondern beabsichtigt. Der Maler wollte vielleicht damit zeigen, daß es die Juden waren, die den Tod Jesu gefordert hatten und damit die eigentlichen Täter gewesen seien.

In der Rechten hält der Ältere mit dem Bart fächerförmig die Nägel, und ein Hammer liegt auf seiner Schulter, mit dem er auf Golgota Christus an das Kreuz schlagen wird. Der andere Jude berührt mit seinen Füßen kaum den Boden. Er scheint in die Luft zu springen und dabei mit dem rechten Arm zum Schlag gegen Jesus auszuholen. Gleichzeitig stößt er ihn mit seiner Linken vorwärts.

Jesus steht etwas weiter im Vordergrund als seine Bewacher. Im Gegensatz zu den beiden Juden ist er barfüßig. In seinem blauen bodenlangen Gewand hebt er sich besonders deutlich vom Goldgrund ab. Leicht gebeugt trägt er die Last des schmalen Kreuzes über der rechten Schulter und schmiegt sein Gesicht an das Holz. Weder die Dornenkrone noch blutige Wunden sind zu sehen. Leise lächelnd und mit geröteten Wangen – wie bei der ‚Dornenkrönung‘ – erweckt Jesus nicht den Eindruck, daß er leidet. Fast freudig nimmt er sein Schicksal auf sich.

Die klaren schwarzen Konturen und die Farbflächen des Bildes, die lediglich aufgrund weniger Schattierungen plastisch wirken, erinnern an die Glasmalerei von Kirchenfenstern, die zu der Entstehungszeit des Psalteriums bereits in voller Blüte stand.

Bild 36
Kreuztragung Christi *(um 1335)*
Buchmalerei, 16 x 13 cm, Engelberg, Stiftsbibliothek
Engelberger Psalterium (Chorpsalter), Cod. 60 fol 13v

JESUS WIRD ENTKLEIDET

Zu El Greco siehe auch Bild 17.

Als El Greco 1577 in Toledo eintraf, erhielt er noch im selben Jahr vom dortigen Domkapitel den Auftrag, ein Bild von der Entkleidung Christi zu malen. Dieses Werk wurde von seinen Zeitgenossen sehr unterschiedlich beurteilt. Künstler lobten seine neuartige Darstellungsweise, die frischen Wind in die herkömmliche Malerei brachte. Die Auftraggeber des Gemäldes beanstandeten jedoch, daß El Greco die Frauen zu stark in den Vordergrund rückte. Für unangebracht hielten sie außerdem zum einen bei diesem Motiv des leidenden Jesus die teilweise leuchtenden Farben und zum anderen sollten über dem Haupt des Herrn keine weiteren Köpfe dargestellt werden.

Vor einer großen Menschenmenge steht Jesus im Zentrum des Bildes. Vor allem Soldaten mit Lanzen und Fahnen sowie gaffende Schaulustige drängen sich hinter ihm. Dort wenden sich wohl auch die zwei Verbrecher einander zu, die ebenfalls gekreuzigt werden sollen. Ein vornehmer Herr mit leuchtend weißem Hemdsärmel zeigt auf Jesus. Unklar bleibt, wer der Mann ist und ob seine Geste Zustimmung oder Ablehnung ausdrückt.

Trotz der vielen Menschen wirkt Jesus frei. Sein Blick geht nach oben, als rede er zu seinem Vater im Himmel. Vergebend hält er seine Linke über einen Knecht, der zu seinen Füßen das Kreuz vorbereitet, indem er Löcher für die Nägel bohrt. Mit der Rechten berührt Jesus sanft die Brust und zeigt so seine Bereitschaft für das Kommende. Diese leichten Bewegungen scheinen nicht vom starken Zug des Söldners an seiner Handfessel gestört zu werden. Der Mann hält Jesus nicht nur gefangen, er entkleidet ihn auch. Zurückgelehnt und mit spitzen Fingern greift er nach dem Ausschnitt des übergroßen Gewandes, als scheue er sich davor es zu berühren.

Das Kleid erscheint nicht wie ein reales Kleidungsstück. Vielmehr wirkt es wie ein großes Tuch, das Christus lose umgibt und durch die rote Farbe seine Passion versinnbildlicht. Unter der Menge des Stoffes ist der Leib Jesu nur noch zu erahnen. Diese vergeistigte Darstellung verdeutlicht, daß die irdische Gewalt Jesus nichts anhaben kann.

Am linken Bildrand steht mit nachdenklichem Ausdruck ein Hauptmann, der eine Rüstung im Stil des 16. Jahrhunderts trägt. Die Verbindung zwischen ihm und Jesus zeigte El Greco, indem er das Rot des Gewandes Christi auf dem metallenen Panzerkleid widerspiegelte. Dieser Effekt deutet auch auf die bevorstehende Bekehrung des Hauptmannes hin (Lukas 23,47). Sein Blick führt direkt zu den drei Frauen in der vorderen linken Ecke. Bleich starren sie auf das Kreuz am Boden. Die Mutter Jesu ist am dunklen Umhang zu erkennen. Die junge Frau mit den hochgesteckten Haaren neben ihr – wohl Maria Magdalena – nimmt Anteil an ihrem Schmerz und legt tröstend die Hand auf ihre Schulter.

Bild 37
***Entkleidung Christi** (um 1577/79)*
El Greco (1541-1614)
Öl auf Leinwand, 285 x 173 cm
Toledo, Sakristei der Kathedrale

88

CHRISTUS IM ELEND

Hans Leinberger gilt neben Tilman Riemenschneider (vergleiche die Bilder 2, 13 und 18) als einer der größten bayerischen Bildhauer der beginnenden Neuzeit. Von dem vermutlich um 1470 geborenen Künstler sind nur wenige Werke erhalten. Wohl deshalb ist Leinberger nicht so bekannt geworden wie andere Künstler jener Epoche. Nach 1530 wird er nicht mehr urkundlich erwähnt, wahrscheinlich ist der Künstler um diese Zeit gestorben oder aus Landshut weggezogen, wo er ab 1510 mehrfach genannt worden war.

Seine Kunst ist von der italienischen Renaissance geprägt, und seine Figuren zeichnen eine naturgetreue Körpergestaltung und Plastizität aus. Von der Holzskulptur ‚Christus im Elend‘ gibt es zwei Versionen: Die erste steht in der St.-Nikolauskirche in Landshut am Lech, die zweite im Museum in Berlin. Bei dieser etwas jüngeren Figur ist noch die originale farbige Fassung erhalten geblieben. Die Rückseite ist abgeflacht, woraus sich schließen läßt, daß sie ursprünglich direkt an einer Wand stand.

Auf einer grünen Rasenbank sitzt Jesus in Erwartung seines Todes. Sein nackter Körper ist nur lose von einem goldenen Tuch bedeckt, das beidseitig über seinen Schoß zu Boden fällt. In der ausgewogenen Gestaltung der Falten dieses Tuches läßt sich das Gespür des Künstlers für kontrastierende Formen erkennen, die seinen Werken Leben verleihen: Konvexe und konkave Kurven wechseln sich ab und fließen ineinander, ohne sich in allzu großem Detailreichtum zu verlieren.

Der athletische Körper Christi entspricht dem von antiken Vorbildern übernomme-nen Ideal der Renaissance. Jeder Muskel und jede Sehne, sogar die Adern sind unter der bleichen Haut seines Körpers zu erkennen. Kraftlos hängt seine Linke herab. In seiner rechten Hand ruht das gesenkte Haupt. Mit geschlossenen Augen zieht er sich ganz in sich zurück. Blut fließt in feinen Strömen von der Dornenkrone über seinen Leib. Noch sind die exakt herausgearbeiteten Hände und Füße nicht durchbohrt. Trotz seiner kräftigen Gestalt wirkt Jesus schwach und hilflos. Er ist ganz Mensch und zweifelt an sich und an seiner Kraft. Leinberger wollte nicht effektvoll die Wunden Jesu zeigen, sondern seine innersten Gefühle in der Erwartung der Qualen am Kreuz und des schmerzvollen Todes.

konvex: nach außen gewölbt.
konkav: nach innen gewölbt.

Bild 38
Christus im Elend *(um 1525)*
Hans Leinberger (um 1470 - etwa 1530)
Lindenholz, Höhe 75 cm
Berlin, SMPK Skulpturensammlung

JESUS WIRD ANS KREUZ GENAGELT

Dort nagelten sie Jesus ans Kreuz und mit ihm noch zwei andere, den einen links, den anderen rechts und Jesus in der Mitte.
Johannes 19,18

Die Annagelung Jesu an das Kreuz wird in keinem der vier Evangelien genau beschrieben. Die Künstler mußten sich daher von dieser Marter ein eigenes Bild machen und fanden hierfür zwei Lösungen. Zunächst die für das Abendland eher ungewöhnliche Darstellung, in der Jesus an das bereits aufgerichtete Kreuz gehängt wird. Vertrauter sind dagegen die Bilder, auf denen die Soldaten Jesus an das liegende Kreuz nageln, das anschließend aufgestellt wird. Zu dieser Art der Darstellungsweise gehört die ‚Kreuzannagelung Christi‘ auf einem Email, das vermutlich zu Beginn des 15. Jahrhunderts in Paris entstand.

Der Kreuzesstamm teilt das Email in zwei Hälften. Oben drängen sich die Zeugen der Kreuzannagelung Jesu auf engstem Raum zusammen. Die drei Frauen und Johannes im roten Gewand schauen hilflos und trauernd auf den Gepeinigten. Sie klagen und erheben betend die Hände. Neben ihnen beobachten drei Männer das Geschehen. Bei den zwei Bärtigen handelt es sich wahrscheinlich um Josef von Arimathäa und Nikodemus, die Jesus später vom Kreuz abnehmen werden. Lediglich ihre Oberkörper sind auszumachen. So erscheinen sie wie Zuschauer, die über den Rand des Hügels spähen, auf dem das helle Kreuz zwischen Blumen und Gras liegt.

Noch lichter strahlt der Leib Jesu, der langgestreckt an Händen und Füßen von zwei Knechten auf das Holz genagelt wird. In einer breiten roten Lache fließt das Blut unter dem Nagel hinweg, den der Scherge am Fußende weit ausholend mit einem Hammer einschlägt. Die rechte Hand Christi ist bereits durchbohrt.

Der Platz unterhalb des Kreuzes ist der Mutter Jesu vorbehalten. Zusammengesunken umfaßt und küßt sie sanft die noch freie Hand ihres Sohnes, dessen Arm schlaff herabhängt. Trotz seiner Schmerzen wendet sich Jesus seiner Mutter zu, als wolle er sie trösten. Dieser Bereich erscheint fast privat und von den umgebenden Handlungen unbeeinflußt. Doch schon greift der Knecht hinter dem Querbalken nach dem Arm Jesu und zieht ihn zu sich her, um auch die linke Hand an das Kreuz zu schlagen.

Trotz der geringen Größe des Emails verstand es der Künstler durch die geschickte Aufteilung der Handlungsbereiche, dem Bild eine ruhige und klare Wirkung zu verleihen.

Bild 39
Kreuzannagelung Christi *(Ende 14. - Anfang 15. Jahrhundert)*
Frankreich, Email, Durchmesser 6,8 cm
Paris, Musée du Louvre

KREUZAUFRICHTUNG 1

Peter Paul Rubens wurde 1577 in Siegen geboren. Der flämische Maler war auch als Diplomat an den Höfen Europas beschäftigt. Zwischen 1600 und 1608 studierte er in Italien unter anderem die manieristische Malerei, von der er zahlreiche Stilmerkmale übernahm. So gewann das Licht in seinen Bildern immer größere Bedeutung. Vor allem die späteren Werke weisen starke Hell-Dunkel-Kontraste und eine leuchtende Farbigkeit auf. Seine Gemälde zeigen Motive aus den unterschiedlichsten Bereichen: Landschaften und Portraits sowie mythologische und religiöse Szenen. Zehn Jahre vor seinem Tod schuf er 1630 für die Kathedrale in Antwerpen ein Gemälde mit der ‚Kreuzaufrichtung‘.

Rubens plazierte die Kreuzaufrichtung vor eine Felswand, die unten aus natürlichen Stufen besteht und oben mit Bäumen bewachsen ist. Rechts ist ein schmaler Streifen des Himmels zu sehen, an dem dunkle Wolken aufziehen. Das diagonal ins Bild gelegte Kreuz beherrscht die Komposition. Insgesamt neun Männer versuchen mit äußerster Anstrengung, auch mit Hilfe eines Seils, das Kreuz aufzurichten. Das von rechts einfallende Licht hebt ihre angespannten Muskeln deutlich hervor. Zwei Soldaten in Rüstungen müssen mit anpacken, um das Kreuz in die Senkrechte zu bewegen. Der eine stützt sich tatkräftig mit seinem Rücken gegen den Stamm, der andere scheint am Gelingen der Kreuzaufrichtung zu zweifeln. Der Mann mit Turban im roten Gewand zieht sogar am Lendentuch Jesu.

Es kann nur erahnt werden, warum sich die zahlreichen Helfer derart schwertun, den Gekreuzigten in die Höhe zu ziehen.

Obwohl auch Jesus einen starken Körper besitzt, wirkt er nicht zuletzt aufgrund seiner helleren Farbigkeit leichter als die anderen Figuren. Blut rinnt aus den durchbohrten Füßen und aus den Händen, die zu Fäusten geballt sind. Noch an der Grenze seiner menschlichen Leidensfähigkeit schaut er zum Himmel.

Über ihm hängt ein leicht eingerolltes Blatt Papier, das Pilatus am Kreuz anbringen ließ (Johannes 19,19-22). Darauf steht in drei verschiedenen Sprachen – Hebräisch, Griechisch und Lateinisch – ‚Jesus von Nazaret, König der Juden‘ geschrieben. Der römische Statthalter gibt damit den verärgerten Juden zu verstehen, daß ihre religiösen Argumente ihm gleichgültig sind. Nicht wegen der Verführung des Volkes und nicht wegen Gotteslästerung läßt er Jesus kreuzigen, sondern weil seine Gegner behaupteten, er bedrohe die Herrschaft des Kaisers.

*Bild 40 **Kreuzaufrichtung** (1610)*
Peter Paul Rubens (1577-1640), Öl auf Holz, 462 x 341 cm
Antwerpen, O.-L.-Vrouwekathedraal

KREUZAUFRICHTUNG 2

Zu Rembrandt siehe auch Bild 45.

Rembrandt Harmensz. van Rijn wurde 1606 in Leiden geboren. Der holländische Maler, Zeichner und Radierer verschrieb sich nicht wie damals vielfach üblich einem speziellen Motiv. Vor allem aber wegen seiner Portraits und seiner religiösen Gemälde gilt er als einer der größten Künstler überhaupt. Ab 1631 arbeitete Rembrandt in Amsterdam, wo er ein Jahrzehnt lang große künstlerische Erfolge erringen konnte und auch entsprechend hohe Einnahmen hatte. Trotzdem wuchs seine Verschuldung und er verarmte schließlich. Seine Schaffenskraft blieb jedoch ungebrochen bis zu seinem Tod im Jahr 1669.

Bei der Umsetzung der Bildthemen und dem Einsatz des Lichts geht Rembrandt ganz andere Wege als Rubens (vergleiche Bild 40). Dies läßt sich auch an seinem Gemälde ‚Kreuzaufrichtung‘ nachvollziehen, das um 1633 entstand.

Der Hintergrund ist in Dunkelheit getaucht. So sind die meisten Zuschauer und die an der Kreuzigung Beteiligten nur schemenhaft auszumachen. Links steht eine Gruppe von Männern, die die Aufrichtung zu kommentieren scheinen. Vielleicht erklärt der Mann mit den ausgebreiteten Armen, welche Folgen die Gotteslästerung nach sich zieht. Am Rand gegenüber wird bereits der zweite Verbrecher für die Hinrichtung vorbereitet. Nackt wartet er unter den Augen der Zuschauer auf seine Kreuzigung.

Der mit einem Turban und kostbaren Gewändern bekleidete Hauptmann sitzt auf einem weißen Pferd. Herrschaftlich hält er ein Schwert in der Hand und richtet seinen Blick auf den Bildbetrachter, statt nach den Soldaten und Knechten zu schauen, die er zu beaufsichtigen hat. Die Schaufel im Boden läßt vermuten, daß der Stamm des Kreuzes in ein zuvor gegrabenes Loch eingelassen wird. Drei Helfer schieben von hinten, aber die meiste Arbeit verrichtet der Soldat, der vorne an einem kurzen Seil zieht. Er trägt eine glänzende Rüstung, die Rembrandts besondere Fähigkeit zeigt, Lichtreflexe auf Metall wiederzugeben.

Mit dem Jüngling in der Mitte hat sich Rembrandt selbst dargestellt. Er wurde dazu von einem Gönner ermuntert, der von der Vorstellung betroffen war, er hätte die Kreuzigung persönlich ganz aus der Nähe miterleben müssen. Damit wollte der Maler wohl seine eigene Frömmigkeit zum Ausdruck bringen.

Der nackte Leib Jesu ist in gleißende Helligkeit getaucht. Sein Körper ist in die Länge gestreckt und wirkt sehr schmal, so daß das Lendentuch ihm beinahe über die Hüften rutscht. Mit nach oben gerichteten Augen blickt Jesus ins Licht, als könnte er bereits in den Himmel schauen.

Auch bei Rembrandt bestimmt das schrägstehende Kreuz die Bildkomposition. Von der irdischen Körperlichkeit, die Rubens stark betont, ist aber bei dem Holländer nichts zu sehen. Das Kreuz scheint, trotz der sich abmühenden Männer, dem Licht entgegen zu schweben.

Bild 41 **Kreuzaufrichtung** *(um 1633), Rembrandt Harmensz. van Rijn (1606-1669)*
Leinwand, 96 x 72 cm, München, Alte Pinakothek

KREUZIGUNG 1

Es war neun Uhr morgens, als sie ihn kreuzigten. Als Grund für seine Hinrichtung hatte man auf ein Schild geschrieben: „Der König der Juden!"
Markus 15, 25-26

Im Chor des Marienmünsters in Dießen am Ammersee erhebt sich ein großer Hauptaltar vom Beginn des 18. Jahrhunderts, der eine Besonderheit aufweist: Das Altarbild mit der Himmelfahrt Mariens kann in eine Vertiefung versenkt werden. Auf diese Weise wird Raum frei für eine kleine Bühne, auf der an kirchlichen Festtagen zwischen kulissenartigen Rahmen verschiedene Bilderwände oder Skulpturen aufgestellt werden können.

Über die Osterfeiertage werden den Gläubigen das Leiden und die Auferstehung Christi gezeigt. Eines der Gemälde ist der ‚Kreuzigung' gewidmet. Die Treppe im Vordergrund und das aufwendig gestaltete Portal verleihen Distanz, führen aber auch den Blick auf das Geschehen.

Hinter den drei hoch aufragenden Kreuzen von Jesus und den beiden Schächern erstreckt sich eine Landschaft mit den Türmen von Jerusalem am Horizont. Dunkle Wolken verfinstern den Himmel. Knochen und Schädel am Boden sollen an Adam erinnern, der nach der ‚Schatzhöhle', einer apokryphen Schrift, auf Golgota begraben wurde.

Die meisten der Zuschauer haben sich bereits auf den Heimweg gemacht. Nur wenige Menschen verweilen noch unter dem Kreuz. Ein Soldat mit einer Lanze wartet auf weitere Befehle, aber der Hauptmann zu Pferd blickt in Gedanken versunken auf die Gruppe der trauernden Marien. Drei Frauen stützen die Mutter-gottes, die von Trauer überwältigt zusammengebrochen ist. Johannes am linken Bildrand kann das Leiden seines Herrn nicht länger sehen und wendet sich betend ab.

Maria Magdalena ist vor Christus auf die Knie gesunken. Den Blick nach oben gerichtet, berührt sie verzweifelt den Stamm des Kreuzes, an dem eine schmale Blutspur hinunterrinnt. Jesus schaut auf sie herab. Ein Heiligenschein umgibt sein Haupt wie ein lichter Strahlenkranz. Über ihm hängt das Schild mit der Aufschrift ‚INRI', das Pilatus am Kreuz anbringen ließ. Die Buchstaben setzen sich aus den Initialen der lateinischen Worte ‚Iesus Nazarenus Rex Iudaeorum' für ‚Jesus von Nazaret, König der Juden' zusammen.

> **apokryph:** (griechisch-lateinisch = verborgen) Bezeichnung für Schriften, die hinsichtlich ihrer Entstehung und ihres Inhalts zwar den Büchern des Alten oder Neuen Testamentes ähneln, aber nicht in die Bibel aufgenommen wurden.

Bild 42
Kreuzigung
Unbekannter Meister, undatiert
Dießen am Ammersee, Marienmünster
(ehem. Augustiner-Chorherren-Stift)

KREUZIGUNG 2

Nachdem die Soldaten Jesus ans Kreuz genagelt hatten, nahmen sie seine Kleider und teilten sie in vier Teile. Jeder erhielt einen Teil. Das Untergewand aber war in einem Stück gewebt und hatte keine Naht. Die Soldaten sagten zueinander: „Wir wollen es nicht zerreißen; das Los soll entscheiden, wer es bekommt."
Johannes 19,23-24

Zwischen 820 und 830 entstand ein Psalter, der in der Württembergischen Landesbibliothek in Stuttgart aufbewahrt wird. Die kostbare Handschrift enthält die 150 Psalmen sowie etliche Buchmalereien. Eine der Miniaturen zeigt die ‚Kreuzigung Jesu'. Die Abbildung befindet sich zwischen lateinischen Versen: „Alle meine Rippen kann ich zählen; und sie stehen dabei und gaffen mich an. Schon losen sie um meine Kleider und verteilen sie unter sich. Bleib nicht fern von mir, Herr! Du bist mein Retter, komm und hilf mir!" (Psalm 22,18-20).

Im Vordergrund streiten sich zwei Soldaten um die Kleider des Gekreuzigten. Der linke hält bereits ein Messer in seiner Rechten, um das Tuch zu teilen. Zwei weitere mit Lanzen, Helmen und Schilden bewaffnete Wachen hocken direkt neben dem Kreuzesstamm. Mit langen Zeigefingern deuten sie auf Jesus und verspotten ihn.

Von rechts springt ein Löwe mit aufgerissenem Rachen auf das Kreuz zu, und ein Einhorn bedroht Christus mit seinem spitzen, gedrehten Horn. Beide Tiergestalten werden hier als wilde, feindselige Bestien dargestellt. Sie beziehen sich auf Psalm 22,22: „Reiß mich aus dem Rachen des Löwen, rette mich vor den Hörnern der wilden Stiere!" Ältere Übersetzungen sprechen anstatt von Stieren noch von Einhörnern, die lange Zeit als real existierende Tiere und nicht als Fabelwesen betrachtet wurden. Löwe und Einhorn werden in der christlichen Kunst aber nicht immer als böse Wesen interpretiert. Bisweilen gelten sie sogar als Symbole für Christus selbst. Das Einhorn versinnbildlicht dann den eingeborenen Sohn Gottes und der starke Löwe die Auferstehung, denn gemäß mittelalterlichem Glauben haucht der Löwe seinen totgeborenen Jungen nach drei Tagen mit seinem Atem das Leben ein.

Zwischen den beiden Tieren befindet sich ein goldener Kelch. Häufig zeigen Abbildungen der Kreuzigung, wie das Blut aus der Seitenwunde Christi strömt und in einem solchen kostbaren Gefäß aufgefangen wird. Hier erinnert der Kelch an die Einsetzung der Eucharistie beim letzten Abendmahl.

Diese Miniatur ist eine der frühesten Darstellungen, in der Engel teilnehmend die Todesnot Christi verfolgen. Er scheint eher zwischen den beiden Himmelsboten zu schweben als zu hängen. Die Wunden an den Händen und Füßen Jesu sind kaum zu sehen, Seitenwunde und Dornenkrone fehlen ganz. Statt dessen umgibt ein Kreuznimbus in Rot und Gold sein Haupt. Ruhig und sanft ruhen seine großen Augen auf etwas, das außerhalb des Bildes, jenseits des irdischen Bereiches liegt, wo auch die wilden Tiere ihm nichts mehr anhaben können.

Bild 43
Kreuzigung Jesu *(um 830), Buchmalerei, 15,5 x 14 cm*
Stuttgart, Württembergische Landesbibliothek
Stuttgarter Psalter, Cod. bibl. 2°23, 27r

KREUZIGUNG 3

Jesus sah seine Mutter dort stehen und neben ihr den Jünger, den er besonders liebhatte. Da sagte er zu seiner Mutter: „Frau, er ist jetzt dein Sohn!" Und zu dem Jünger sagte er: „Sie ist jetzt deine Mutter!" Von da an nahm der Jünger sie bei sich auf.
Johannes 19,26-27

Lucas Cranach der Ältere wurde nach dem Ort Kronach in Oberfranken benannt, wo er 1472 geboren wurde. Nachdem er in der Malerwerkstatt seines Vaters in die Lehre gegangen war, reiste Cranach durch Süddeutschland. Hier lernte er das Werk Dürers (vergleiche Bild 51) kennen, das ihn nachhaltig beeinflußte. 1503 entstand auf dem Höhepunkt seines Schaffens ein Gemälde mit der Kreuzigung, das heute in der Alten Pinakothek in München zu sehen ist.

Dunkle Wolken ziehen über der felsigen Landschaft hinter Golgota auf, und die Erde beginnt sich zu verfinstern. Blutüberströmt hängt Jesus am Kreuz. Mit einem großen Nagel wurden seine Füße ans Kreuz geschlagen. Ein aufwendig um seine Hüften geknotetes Lendentuch bauscht sich im Wind. Im Gegensatz zu dem wohlgestalteten Christus wirken die beiden anderen Gekreuzigten am linken Bildrand grobschlächtig. Ihre Wunden zeigen, daß ihnen die Beine gebrochen wurden. Dies war eine ‚Gnade' für sie, weil dadurch der Tod schneller eintrat und die Leidenszeit verkürzt wurde. Die Beine von Jesus wurden nicht gebrochen, weil er bereits gestorben war.

Im Gegensatz zu den meist symmetrischen Kreuzigungsbildern, die Jesus frontal zwischen den beiden Schächern zeigen, blickt der Betrachter hier von der Seite in die Gruppe. Unter dem Kreuz Christi ringt seine Mutter Maria verzwei-felt die Hände und blickt starr auf ihren toten Sohn. Der Apostel Johannes wendet sich der Frau zu, mit der er von nun an eng verbunden sein wird. Seine Hände sind im Gebet gefaltet.

Christus hat den beiden Menschen, die ihm besonders nahestehen, mit den Worten „Frau, er ist jetzt dein Sohn!" und „Sie ist jetzt deine Mutter!" aufgetragen, sich gegenseitig zu helfen. Damit sind während der Ereignisse auf Golgota für kurze Zeit Maria und Johannes neben Christus zu den wichtigsten Personen geworden. Cranach hat sie deshalb fast in die Mitte des Bildes gerückt. Ihre Arme greifen ineinander wie zwei Glieder einer Kette.

*Bild 44 **Christus am Kreuz** (1503)*
Lucas Cranach d. Ä. (1472-1553)
Öl auf Nadelholz, 138 x 99 cm, München, Alte Pinakothek

KREUZIGUNG 4

Um zwölf Uhr mittags verfinsterte sich der Himmel über dem ganzen Land. Das dauerte bis um drei Uhr. Gegen drei Uhr schrie Jesus: „Eli, eli, lema sabachtani?" – das heißt: „Mein Gott, mein Gott, warum hast Du mich verlassen?" (...) Da zerriß der Vorhang vor dem Allerheiligsten im Tempel von oben bis unten. Die Erde spaltete sich, und Gräber brachen auf. (...) Als der römische Hauptmann und die Soldaten, die Jesus bewachten, das Erdbeben und alles andere miterlebten, erschraken sie sehr und sagten: „Er war wirklich Gottes Sohn!"
Matthäus 27,45-54

> Allerheiligstes: Innerster Raum des Tempels in Jerusalem, der als Gottes Wohnung galt. Dort wurde die Bundeslade aufbewahrt. Nach dem apokryphen Evangelium des Jakobus webte Maria für den Eingang den Vorhang, der in der Todesstunde Jesu zerriß.

Zu Rembrandt siehe auch Bild 41.

Rembrandt Harmensz. van Rijn stand in Amsterdam den Menonniten nahe, die keine andere Autorität als die Bibel anerkannten und vor allem die Lehren der Bergpredigt zu befolgen versuchten. Rembrandt fertigte neben zahlreichen Gemälden auch eine Vielzahl von Radierungen mit biblischen Themen an, von denen viele unvollendet wirken. Auch die Radierung ‚Die drei Kreuze' von 1653 ist teilweise nur skizzenhaft ausgeführt. Das hier vorgestellte Blatt zeigt die erste von fünf Fassungen, die sich zum Teil erheblich voneinander unterscheiden.

Deutlich ragen drei Kreuze in die obere Hälfte des Bildes. Unter ihnen haben sich Menschengruppen versammelt, die auf unterschiedliche Weise an der Kreuzigung Anteil nehmen. Viele haben nur aus Sensationslust bei der Hinrichtung zugeschaut und wenden sich ohne innere Beteiligung zum Gehen, während andere die Hände vors Gesicht schlagen und in Trauer verharren. Im Vordergrund laufen zwei orientalisch gekleidete Männer, die

möglicherweise über das Erdbeben erschrocken sind, direkt auf eine Felsenhöhle zu.

Ob die Menschen hinter den Flüchtenden im Tumult des übereilten Aufbruchs zu Boden fallen oder aus Ehrfurcht vor Christus, bleibt offen. Der Hauptmann jedenfalls hat den Sohn Gottes erkannt, ist von seinem Roß gestiegen und kniet nun mit erhobenen Armen vor dem Gekreuzigten. Römische Soldaten auf ihren Pferden beobachten ihn dabei. Etwas weiter links steht der mitleidige Beobachter, der Jesus einen mit Essig gefüllten Schwamm reichte (Matthäus 27,48). Rechts trösten sich die trauernden Frauen gegenseitig, und zwei Männer blicken fassungslos zum Kreuz hinauf.

Das Licht fällt gebündelt von oben, wodurch Jesus, die Frauen und die Soldatengruppe mit dem Hauptmann stark hervorgehoben werden. Es bleibt unklar, warum Rembrandt dieses geradezu göttliche Licht auch auf den bösen Schächer fallen ließ, der gemäß der Bibel zur Linken Jesu am Kreuz hängt (Lukas 23,39-43). Eine Erklärung gibt vielleicht seine Augen-

Bild 45
Die drei Kreuze *(erste Fassung um 1661)*
Rembrandt Harmensz. van Rijn (1606-1669)
Radierung, 38,5 x 45 cm

binde, die wohl Uneinsichtigkeit symbolisiert. Während er sich hell erleuchtet
qualvoll nach hinten verrenkt, erduldet
der andere Verbrecher mit hängendem
Kopf sein Schicksal im Dunkeln, obwohl
er sich vor seinem Tod zu Jesus bekannt
hat. Ein Fehler, der sich aufgrund der
seitenverkehrten Druckvorgabe ergeben
haben könnte, ist wohl auszuschließen, da
Rembrandt in der Technik des Radierens

sehr erfahren war. So kann über diese
Lichtführung nur gerätselt werden.

Radierung: Eine Zeichnung wird in die
Schutzschicht über einer Metallplatte
geritzt. Die ungeschützten Linien
werden in einem Säurebad vertieft,
eingefärbt und schließlich auf Papier
gedruckt.

KREUZIGUNG 5

Jesus wußte, daß nun alles zu Ende gebracht war. Aber damit die Voraussagen der Heiligen Schriften vollends ganz in Erfüllung gingen, sagte er: „Ich habe Durst!" In der Nähe stand ein Gefäß mit Essig. Die Soldaten tauchten einen Schwamm hinein, steckten ihn an einen Ysopstengel und hielten ihn Jesus an die Lippen. Jesus nahm davon und sagte: „Jetzt ist alles vollendet." Dann ließ er den Kopf sinken und gab sein Leben in die Hände des Vaters zurück. (...) Aber einer der Soldaten stach ihm mit seinem Speer in die Seite. Da kam Blut und Wasser heraus.
Johannes 19,28-30 und 34

Ysopstengel: Zweige eines Strauches, die oft bei kultischen Handlungen eingesetzt wurden, etwa Besprengungen von unreinen Gegenständen oder Personen mit geweihtem Wasser (4.Mose/Numeri 19,18).

Zu Hans Memling siehe auch Bild 58.

Um 1433 wurde der Maler Hans Memling im hessischen Seligenstadt geboren. Er arbeitete aber vorwiegend in Brügge und gilt daher als bedeutender flämischer Maler der Spätgotik. Seine Werke geben Personen und Gegenstände äußerst anmutig und detailgetreu wieder. Er traf so den Geschmack seiner Zeit, und seine Werkstatt wurde zu der größten und erfolgreichsten in ganz Brügge. Der Passionsaltar für Heinrich Greverade enthält eine ‚Kreuzigung‘, das letzte große Bild des Künstlers, der 1494 verstarb.

Im Hintergrund liegt eine weite Landschaft, in der links die Türme und Kuppeln von Jerusalem aufragen. Am Himmel ballen sich schwarze Wolken zusammen und verfinstern Sonne und Mond. Viele römische Soldaten und Zuschauer drängen sich um die drei Kreuze und gaffen mit offenen Mündern nach oben. In der rechten vorderen Ecke würfeln vier Wachen um die Kleider Jesu. Ihnen gegenüber klagen die Frauen und ringen verzweifelt die Hände im Gebet. Das Gewand der Gottesmutter erinnert an das Ordenskleid einer Nonne. Sie ist

zu Boden gesunken und wird von Johannes und einer Helferin gestützt. Besonders bewegt malte Memling Maria Magdalena, die Jesus mit gefalteten Händen anbetet. Die Wiedergabe von Einzelheiten wie das Brokatmuster in ihrem kostbaren Kleid und der feine Schleier über ihrem Haar war erst durch die Ölmalerei möglich geworden, die im 15. Jahrhundert entwickelt und immer weiter perfektioniert wurde.

Rechts sitzt der Hauptmann auf einem Grauschimmel. Mit ausgestrecktem Arm zeigt er auf Jesus und gibt zu verstehen, was er erkannt hat: Der Gekreuzigte war wirklich Gottes Sohn (Matthäus 27,54). Auf der anderen Seite des Kreuzes sticht ein Soldat vom Pferd aus Jesus mit einer Lanze in die Seite, um seinen Tod festzustellen. Nach der ‚Legenda Aurea‘, einer mittelalterlichen Sammlung überlieferter Texte, heißt er Longinus. Weil er nahezu blind ist, hilft ihm ein anderer Soldat den Lanzenschaft zu führen. Longinus konnte nach der bloßen Berührung mit einem einzigen Tropfen des daran herabrinnenden Blutes Christi wieder sehen und wurde dadurch zum Glauben bekehrt.

Kreuzigung *(um 1491), Hans Memling (um 1433-1494), Öl auf Holz, 222 x 167 cm*
Lübeck, Museum St.-Annen-Kloster, Passionsaltar für Heinrich Greverade

W. Reuther wurde 1917 geboren. Leuchtende Farben, eine Neigung zu geometrischen und abstrakten Formen sowie eine pastose Maltechnik zeichnen seine Ölbilder aus. 1959 entstand das Gemälde ‚Golgotha'.

Das Bild des Gekreuzigten wird durch das leuchtende Rot des Hintergrunds beherrscht. Die Fläche erinnert an den Goldgrund in der mittelalterlichen Malerei, denn auch hier wird so das Gezeigte über das Irdische und Alltägliche hinaus ins Heilige erhoben. Die Farbe erinnert an ein brennendes Feuer, aber auch an das Blut Jesu, das bei der Kreuzigung vergossen wurde. Das Rot, das zunächst recht einheitlich wirkt, zeigt sich bei genauerem Hinsehen vielfach abgetönt. Immer wieder finden sich auch kleine Tupfer in grün, violett oder gelb, die zusammen mit dem dicken Farbauftrag dem Bild eine bewegte Struktur und gewisse Tiefe verleihen.

Zu beiden Seiten des Kreuzesstammes malte der Künstler stilisierte Schattengestalten in Blautönen und in Violett. Diese Farben symbolisieren wohl die Trauer über Jesu Tod. Es scheint, als habe die linke Figur lange Haare und erhebe betend die Hände. Die rechte läßt die Arme hilflos herabhängen. Auf vielen Kreuzigungsdarstellungen klagen Maria und Johannes um den toten Jesus. Daher liegt die Vermutung nahe, daß es sich auch hier um die beiden handeln könnte. Das sanfte Leuchten, das den Körper Jesu umgibt, reicht bis zu den erhobenen Armen der Mutter und versinnbildlicht die Verbundenheit zwischen ihr und dem Sohn, die über den Tod hinaus bestehen bleibt. Allerdings sind die Trauernden durch keine weiteren Attribute als biblische Figuren gekennzeichnet. So könnten auch eine Frau und ein Mann stellvertretend für alle Gläubigen unter dem Kreuz stehen.

Jesus erinnert zusammen mit dem Kreuz an eine gespannte Armbrust. Die gestreckten, dünnen Arme drohen zu zerreißen. Sein Körper ist so dunkel, als wäre er mitsamt dem Kreuz verbrannt. Lediglich das Lendentuch und die Dornenkrone leuchten goldfarben. Von seinen Händen fallen feine goldene Strahlen auf die Köpfe der Trauernden und symbolisieren den Segen, der den Menschen durch sein Opfer zuteil wird.

Die Strahlen und der Kreuzesstamm ähneln auch den Umrissen eines Tores mit zwei Türflügeln. Hier könnte Reuther an die Worte Jesu „Klopft an, und es wird euch geöffnet!" (Matthäus 7,7) gedacht haben.

---

pastos: Bezeichnung für meist unverdünnte Farbe, die häufig mit einem Spachtel auf den Untergrund aufgetragen wird. Dadurch entstehen unterschiedlich dicke Schichten und Grate, die dem Bild zusätzlich Struktur verleihen.

Bild 47
***Golgotha** (1959)*
W. Reuther, geboren 1917
Öl auf Leinwand, 80 x 40 cm
Privatbesitz

GESTORBEN UND BEGRABEN

Da Pilatus nach römischem Recht den Leichnam für ein privates Begräbnis freigeben mußte, ging Josef von Arimathäa zu ihm und bat darum, Jesus vom Kreuz abnehmen und bestatten zu dürfen. Nachdem Pilatus dieser Bitte entsprochen hatte, kaufte Josef Leinwand und wickelte den Körper Jesu darin ein. Als besondere Ehrerbietung gilt, daß Josef ihm sein eigenes Grab überließ (Matthäus 27,60). Gemäß dem Johannes-Evangelium half auch Nikodemus bei der Beerdigung und brachte kostbares Myrrhenharz mit Aloë für die Salbung. Beide Männer waren fromme Juden und Mitglieder des Hohen Rates, der Hinrichtung Jesu hatten sie jedoch nicht zugestimmt.

Maria und die anderen Frauen begleiteten Jesus zu seiner Ruhestätte. Seit der beginnenden Renaissance sind die Gefäße, mit deren Spezereien der Körper Jesu gesalbt werden sollte, auf den figurenreicheren Bildern von Nikodemus häufig in die Hände anderer Personen, etwa die der Frauen, übergegangen. Diese Abweichung von der Überlieferung überrascht, weil die Frauen nach den Evangelien erst am Ostermorgen mit duftendem Öl zum Grab gingen, um Jesus damit zu salben (Markus 16,1).

Das Grab, in das der Körper Jesu gelegt wurde, war in einen Felsen gehauen, was sich nur wohlhabende Juden leisten konnten. Häufig gestalteten die Künstler die Begräbnisstätte aber nicht als Höhle, sondern wie einen Sarkophag, der an einen Altartisch erinnert. Dies gilt insbesondere für die Gräber bei der Auferstehung und verweist auf die Verbindung zwischen dem Leib Christi bei der Bestattung am Karfreitag und bei der Feier des Abendmahls.

KREUZABNAHME 1

Als das geschehen war, bat Josef aus Arimathäa Pilatus um die Erlaubnis, den Leichnam vom Kreuz abnehmen zu dürfen. Josef war ein Jünger von Jesus, aber nur heimlich, weil er vor den führenden Männern Angst hatte. Pilatus überließ ihm den Toten, und Josef ging und nahm ihn vom Kreuz ab. Auch Nikodemus, der Jesus anfangs einmal bei Nacht aufgesucht hatte, kam dazu; er brachte ungefähr hundert Pfund Myrrhenharz mit Aloë. Die beiden nahmen den Leichnam von Jesus und wickelten ihn mit den Duftstoffen in Leinenbinden, wie es der jüdischen Begräbnissitte entspricht.
Johannes 19,38-40

Rogier van der Weyden gilt als einer der bedeutendsten niederländischen Maler des 15. Jahrhunderts. Um 1400 in Tournai geboren, absolvierte er eine Lehre als Maler und wurde 1432 Mitglied der Lukasgilde. Ab etwa 1435 hielt sich der Künstler in Brüssel auf, wo er das Amt des Stadtmalers innehatte und im Alter von 64 Jahren starb. Die um 1438 entstandene Mitteltafel eines Triptychons, dessen Seitenteile nicht mehr erhalten sind, zeigt die ,Kreuzabnahme', wird aber auch oft als ,Beweinung' bezeichnet.

Auffallend ist zunächst das ungewöhnliche Format des Bildes, in das sich das Kreuz und die Figuren sehr harmonisch einfügen. Auf Landschaftsmotive hat der Maler verzichtet, um das Augenmerk ganz auf die Personen zu lenken. Der Hügel Golgota wird lediglich durch Grashalme, einen Totenkopf und einen Knochen am Boden angedeutet.

Maria Magdalena am rechten Bildrand ringt aus Verzweiflung die Hände, und ihr ganzer Körper krümmt sich beim Anblick des Leichnams Jesu. Links stehen zwei Frauen, von denen eine zusammen mit Johannes die ohnmächtige Mutter Maria auffängt. Alle Frauen zeigen deutlich ihre Gefühle.

Unter dem Kreuz umfängt Josef von Arimathäa den Oberkörper des nackten Jesu mit einem weißen Leintuch. Er steigt mit einem großen Schritt über die zu Boden gesunkene Maria hinweg. Auf der Leiter am Kreuz steht ein Mann, der in seiner rechten Hand noch die Zange hält, mit der er die Nägel entfernt hat. Mit der anderen Hand stützt er den Toten am Arm, um ihn vorsichtig herabzulassen. Nikodemus im goldenen Brokatmantel hält die Beine Jesu. Hinter ihm steht ein weiterer Helfer, der ein Gefäß trägt, in dem wohl das Myrrhenharz für die Salbung Jesu enthalten ist.

Rogier van der Weyden legte viel Wert auf eine ausgewogene Komposition, die dem Bild eine Struktur verleiht, aber auch eine symbolische Funktion erfüllt. Bei der ,Kreuzabnahme' fällt auf, daß Jesus und seine Mutter in annähernd gleicher Körperhaltung gemalt wurden. So verdeutlichte der Maler, daß Maria die Qualen ihres Sohnes am eigenen Körper mitempfunden hat.

> Triptychon: (griechisch = dreifach) Dreiteiliges [Altar-]Bild, oft mit breiterem Mittelteil und umklappbaren Flügeln.

Bild 48
Kreuzabnahme *(um 1435)*
Rogier van der Weyden (um 1400-1464)
Öl auf Holz, 220 x 262 cm
Madrid, Museo del Prado

KREUZABNAHME 2

Die Kirche San Zeno im italienischen Verona ist berühmt wegen ihrer romanischen Bronzetür, deren Reliefs in ihrer Ausarbeitung und Vielfalt vergleichbare Kunstwerke bei weitem übertreffen. Die beiden Flügel des Portals sind in 48 Bildfelder unterteilt. Bisher ist nur das Alter des linken Türflügels auf die Zeit vor 1138 geschätzt worden, die anderen Teile sind wohl etwas jünger und nicht alle zur gleichen Zeit entstanden. Eines der Reliefs zeigt die ‚Kreuzabnahme‘ (Bild 49).

Nach romanischer Tradition ist der Gekreuzigte nicht mit den Füßen ans Holz genagelt, sondern steht auf einem Absatz. Dieser kleine Vorsprung wird von einem der drei Nägel gehalten, mit denen der als Einzelteil gegossene Körper Jesu an der Tür befestigt ist. Die beiden anderen rostroten Eisennägel sind durch die Handflächen der Figur geschlagen und heben sich deutlich vom Grün der oxydierten Bronze ab.

Auf dem leicht geneigten Haupt Jesu befindet sich kein Dornengeflecht, sondern eine Krone, die ihn als Herrscher ausweist. Sonne und Mond über dem Querbalken symbolisieren das Weltall, das als Ganzes von dem Geschehen auf Golgota betroffen ist. Unten stützen sich Josef von Arimathäa und Nikodemus mit einem Bein auf den Sockel des Kreuzes. Josef hält Christus um die Taille. Nikodemus sieht prüfend nach oben, als wage er es nicht, die Nägel mit der großen Zange aus den Händen zu zie hen. Das Lendentuch Jesu und die fein gemusterten Kleider seiner beiden Anhänger werden durch verschiedenartig geknotete Gürtel gehalten.

Bild 49
Kreuzabnahme, *Ausschnitt (Ende 11. Jahrhundert) Bronze Verona, San Zeno, Portal*

Bild 50
Abnahme Jesu vom Kreuz *(um 1160)*
Stein, Dorf Tirol, Schloßkapelle, Tympanon

Die Kreuzabnahme im Tympanon des Portals zur Schloßkapelle Tirol (Bild 50) stammt etwa aus der gleichen Zeit. Das Steinrelief soll um 1160 entstanden sein. Möglicherweise hat der Künstler auch die Bronzetür von San Zeno gekannt und sich daran oder an anderen oberitalienischen Vorbildern orientiert. Sonne und Mond fehlen hier, dafür ist das Bildfeld von ornamental geschmückten Bögen umgeben. Die großen Hände Jesu sind durchbohrt, und auch die Füße weisen Wunden auf. Das Kreuz wirkt nicht wie ein aus Holz gezimmertes Marterinstrument, sondern eher wie ein flacher Rahmen, der den Körper Christi umgibt. Sein Haar ist zu Zöpfen gedreht, die auf seine Schultern fallen. Josef steht weit vorgebeugt auf der rechten Seite,

und sein Kopf scheint an der Brust Jesu zu ruhen. Nikodemus zieht mit der großen Zange einen Nagel aus der Hand des Gekreuzigten.

Die Figuren und Formen der Tiroler Kreuzabnahme sind weniger fein ausgearbeitet als beim Bronzerelief aus Verona. Gemeinsam ist den beiden Kreuzabnahmen aber, daß die Bildhauer auf eine natürliche Darstellung der Körper weniger Wert legten, als auf eine möglichst klare und eindringliche Gestaltung des Geschehens.

Tympanon: Oftmals mit Figuren geschmücktes Bogenfeld über einem Portal.

115

BEWEINUNG

Im Jahre 1471 wurde in Nürnberg Albrecht Dürer, einer der herausragendsten deutschen Maler und Graphiker, geboren. In seinen Werken orientierte sich der Künstler, der 1528 in seiner fränkischen Heimatstadt starb, an Martin Schongauer (vergleiche Bild 21) und an Malern, deren Werke er auf seinen Reisen nach Italien und in die Niederlande kennenlernte. Dürer hat als erster in Deutschland für die bisher als Handwerk angesehene Malerei den Rang der Kunst in Anspruch genommen und ihr insbesondere mit seinem graphischen Werk und seinen theoretischen Überlegungen weiterführende Gestaltungsmöglichkeiten aufgezeigt. Das neue Selbstbewußtsein äußerte sich unter anderem in zahlreichen signierten Selbstportraits. Die um 1500 entstandene ‚Beweinung Christi' hatte Albrecht Glim, ein Freund Dürers, für die Kirche der Dominikaner in Nürnberg bei dem Maler in Auftrag gegeben und heißt daher auch ‚Glimsche Beweinung'.

Um die Tiefe der Landschaft hervorzuheben, ließ Dürer die Farben um so bläulicher und blasser werden, je weiter der Blick in die Ferne geht. Dieser sogenannte Verblauungseffekt war von den Malern des Mittelalters noch nicht erkannt worden. Kunstgeschichtlich ist das Gemälde daher in die frühe Renaissance einzuordnen, die nördlich der Alpen später als in Italien begann. Doch das Gebirgsmassiv, der See und die Stadt erwecken noch keinen realistischen Eindruck, sondern eher den hintereinandergeschobener detailreicher Theaterkulissen. Am Himmel ziehen die schwarzen Wolken ab, die in der Todesstunde Jesu den Himmel verfinsterten. Rechts steht der Kreuzesstamm, unter dem die Familie und die Freunde den toten Christus beweinen.

Bei der Komposition verarbeitete Dürer Eindrücke von seiner ersten Italienreise: das Streben der Rennaissance nach Harmonie und Symmetrie. Alle Figuren sind zu einem Dreieck zusammengefaßt. Die Spitze bildet Johannes, der betend die Hände verschränkt und nach unten blickt. Links stützt Josef von Arimathäa Jesus unter den Armen und läßt ihn zu Boden gleiten. Nikodemus am rechten Bildrand und eine auffallend in Rot gekleidete Gestalt bringen Gefäße mit Myrrhe und Aloë. Die trauernde Gottesmutter zwischen den klagenden Frauen in der Mitte erscheint gefaßt. Maria Magdalena kniet neben Jesus und hat seine Hand ergriffen, um sanft die Wunde zu berühren.

Dürer hat den toten Sohn, seine Mutter und Maria Magdalena als ein kleines Dreieck in die Komposition seines Bildes eingefügt. Der schlaffe Körper Christi hebt sich durch seine Nacktheit und das helle Tuch von den Trauernden ab. Am blassen Leib treten einzelne Sehnen und Muskeln deutlich hervor. Um den menschlichen Körper realistisch wiedergeben zu können, beobachtete Dürer die Natur sehr genau, ein Interesse, das erst mit der Renaissance erwacht war. Noch ganz der mittelalterlichen Tradition verhaftet ist dagegen die Einbeziehung der kleinfigurigen Stifterfamilie des Albrecht Glim mit ihren Wappen zu beiden Seiten der Dornenkrone im Vordergrund.

Bild 51
Beweinung Christi *(um 1500)*
Albrecht Dürer (1471-1528)
Nadelholz, 151 x 121 cm
München, Alte Pinakothek

GRABLEGUNG 1

Josef nahm den Toten, wickelte ihn in ein neues Leinentuch und legte ihn in sein eigenes Grab, das in einen Felsen gehauen und noch unbenutzt war. Dann rollte er einen schweren Stein vor den Grabeingang und ging fort. Maria aus Magdala und die andere Maria blieben dort und setzten sich dem Grab gegenüber nieder.
Matthäus 27,59-61

Über das Leben von Vittore Carpaccio ist nur sehr wenig bekannt, obwohl viele seiner Werke erhalten geblieben sind. Der Maler wurde zwischen 1455 und 1465 wahrscheinlich in Venedig geboren. Im März 1527 wird seine Frau als Witwe erwähnt aber gleichzeitig darauf hingewiesen, daß Carpaccio im Oktober 1525 noch lebte. Ebenso unsicher wie die Lebensdaten ist auch die Entstehungszeit der ‚Grabbereitung Christi'.

Das Gemälde ist charakteristisch für die detailreiche Erzählweise der Bilder Carpaccios und für ihre farbliche Ausgewogenheit. Die vielen Figuren und Gegenstände sowie die Landschaft fügen sich durch das von dem Maler oft verwendete Goldocker und das Rostrot zu einem harmonischen Ganzen zusammen.

Unter einem bewölkten Himmel erstreckt sich eine zerklüftete Berglandschaft, die sich rechts am Ufer eines Sees bis zum Horizont hinzieht. Die abfallende Schräge eines Bergrückens, auf dessen Gipfel noch die drei Kreuze von Golgota zu sehen sind, begrenzt auf der anderen Seite den Blick in die Tiefe.

Rechts kauern die Mutter Maria und Maria Magdalena am Boden und trösten sich gegenseitig. Johannes steht bei ihnen und wischt sich die Tränen mit seinem Gewand ab. Zwei orientalisch gekleidete Männer wälzen den Stein von der Grabeshöhle am linken Bildrand weg.

Der weißbärtige Josef von Arimathäa trägt für das Waschen des Leichnams eine Schüssel heran und bereitet so dessen Salbung vor. Neben dem dunklen Grab öffnet sich ein Felsentor zu dem Weg, der wohl auf die Anhöhe von Golgota führt. Auch rechts schlängelt sich durch die freie Landschaft eine vielbegangene Straße zum Wasser hin.

Unter einem Baum sitzt still und nachdenklich ein alter Mann. Es ist Ijob, der Christus als gottergebener Dulder im Alten Testament vorausgeht. Jesus liegt auf einem Tisch im Vordergrund. Blaß hebt sich der Körper von seiner Umgebung ab. Er hat bereits die Farbe der Knochen und Schädel angenommen, die überall auf dem Boden verstreut liegen. An dieser Stätte des Todes lehnt links sogar eine halbverweste Leiche an den Überresten eines Grabes. Verfall und Untergang versinnbildlichen auch die Ruinen antiker Häuser, die geborstenen Säulen und Reliefs. Fast fühlt man sich an den Ort einer archäologischen Ausgrabung versetzt.

Die zahlreichen Hinweise auf Vergänglichkeit und Tod werden von zwei kleinen Figuren oberhalb der Bildmitte nicht wahrgenommen. Sie musizieren auf Laute und Schalmei und scheinen sich auch an diesem Abend unbefangen über die Schönheit des irdischen Lebens zu freuen.

Bild 52
Grabbereitung Christi
(um 1505 oder um 1515)
Vittore Carpaccio (1455/65-1525/27)
Leinwand, 145 x 185 cm
Berlin, SMPK Gemäldegalerie

GRABLEGUNG 2

Nahe bei der Stelle, wo Jesus gekreuzigt worden war, befand sich ein Garten. Darin war eine neue Grabkammer, in der noch niemand gelegen hatte. Dort hinein legten sie Jesus, weil es für die Juden der Vorbereitungstag auf den Sabbat war und das Grab in der Nähe lag.
Johannes 19,41-42

Sabbat: Schlußtag der siebentägigen jüdischen Woche, der Gott geweiht ist und an dem die Arbeit ruhen soll (1. Mose/Genesis 2,3).

Der Meister der Sterzinger Altarflügel war nachweislich zwischen 1427 und 1467 tätig. Benannt wurde er nach den Flügeln des Hochaltars der Pfarrkirche in Sterzing (Südtirol). Für das ehemalige Zisterzienserinnenkloster Heiligenkreuztal bei Riedlingen (Baden-Württemberg) schuf er einen weiteren Altarflügel, der heute in der Stuttgarter Staatsgalerie zu sehen ist und die ‚Grablegung Christi‘ zeigt.

Wie eine Theaterkulisse liegt hinter sanften Hügeln die Stadt Jerusalem auf einer Anhöhe. Um seinen Zeitgenossen das Geschehen näher zu bringen, gestaltete der Maler sie mit mittelalterlichen Häuserfassaden und Türmen aus seiner Heimatregion. Ein Pfad führt durch das geschlossene Tor des Zaunes, der die Grabstätte eingrenzt. Darauf liegen nebeneinander die Marterwerkzeuge Jesu: drei Nägel für seine Hände und Füße und die Dornenkrone. Das Kreuz, von dem Jesus abgenommen wurde, ragt rechts hinter einem Hügel noch in den Himmel. Vorne haben sich die Menschen um den Sarkophag versammelt, die von Jesus Abschied nehmen.

Die Figuren der Gruppe sind pyramidenförmig angeordnet. An der Spitze befindet sich Johannes, der mit traurigem Blick behutsam die Mutter des Gekreuzigten am Rücken berührt. Diese beugt sich über das Gesicht ihres Sohnes. Ein blauweißer Schleier bedeckt ihre Augen, doch die Haltung verrät ihre Verzweiflung und Fassungslosigkeit über den Tod Jesu. Neben ihr beugt sich eine der Frauen zu Maria Magdalena hinunter, die wie versteinert am Fußende des Sarges kniet. Beide halten reich verzierte Gefäße mit Salböl in den Händen.

Die Gruppe wird von Nikodemus und Josef von Arimathäa eingerahmt, die Christus in den steinernen Sarkophag legen. Die beiden Männer tragen als einzige keine Heiligenscheine, dafür aber reich verzierte, kostbare Gewänder und auffallende, orientalisch anmutende Kopfbedeckungen. Der weiße Leib Jesu spannt sich leicht über das schwere Grabtuch hinweg. Seine Steifheit und die Haltung der Gliedmaßen erinnern an eine geschnitzte Passionsfigur, der die Wundmale und das Blut aufgemalt wurden.

120

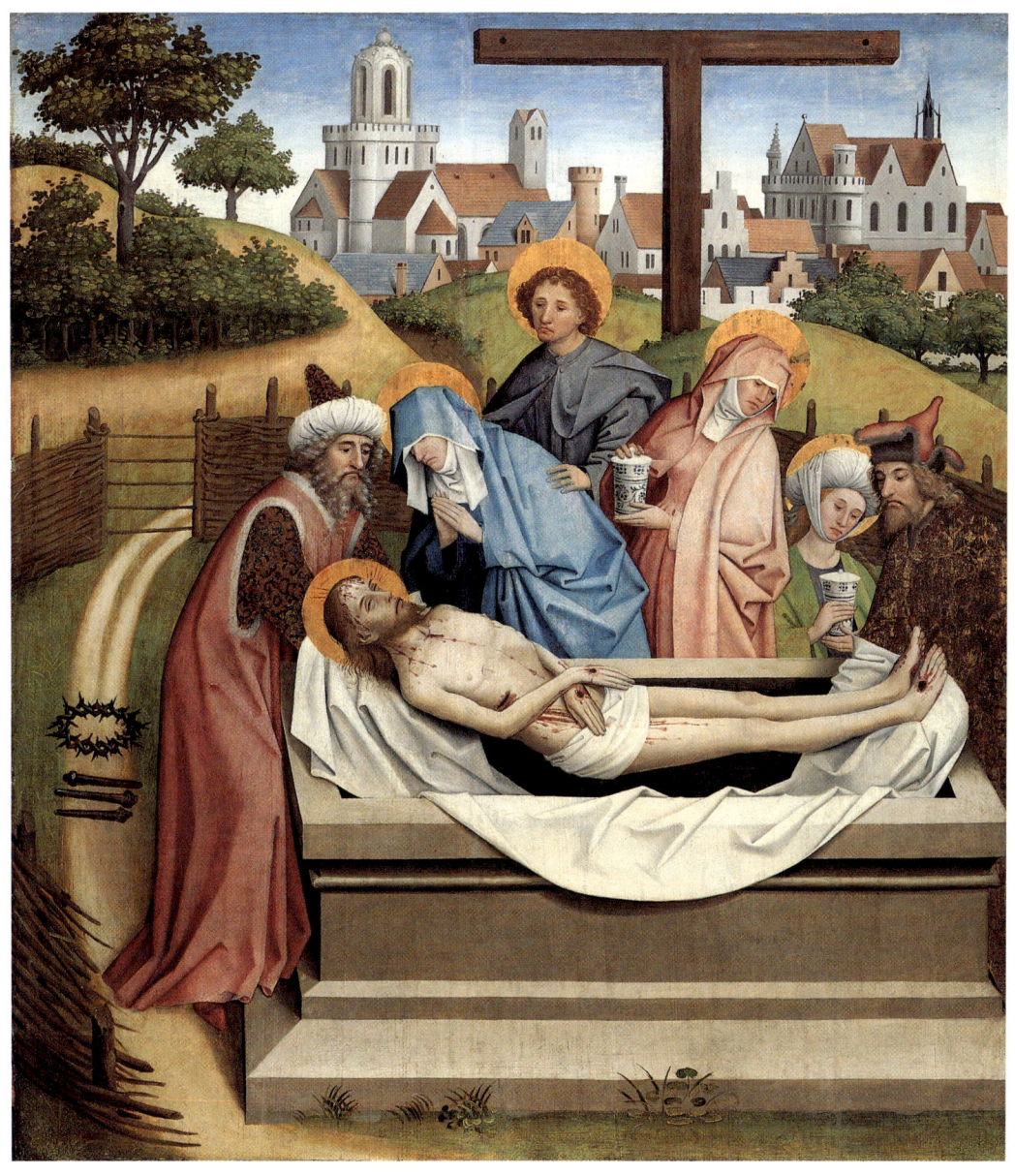

Grablegung Christi *(um 1450), Meister der Sterzinger Altarflügel
(tätig zwischen 1427 und 1467), Fichtenholz, 166 x 142 cm, Stuttgart, Staatsgalerie*

Passionsfigur: Die Passionsspiele des Mittelalters – in manchen Ländern, etwa in Spanien, sind sie heute noch lebendig – veranschaulichten die Geschehnisse der Feiertage häufig anhand einer geschnitzten Jesusfigur. Diese wurde am Palmsonntag auf einem hölzernen Esel durch die Stadt gezogen und am Karfreitag in einen Altarschrein gelegt. Am Ostermorgen wurde sie als Auferstandener mit der Kreuzesfahne in der Hand wieder aufgestellt.

Um 1340 wurde vermutlich in Minden ein Maler geboren, der als Meister Bertram in die Kunstgeschichte einging. Wahrscheinlich lernte der Maler sein Handwerk bei einem Meister in Böhmen, das unter Kaiser Karl IV. eines der kulturellen Zentren Europas war. Vor allem mit seinen Hauptwerken, dem 1379 entstandenen Grabower Altar und dem Passionsaltar von etwa 1394, beeinflußte er die spätmittelalterliche Kunst. Er verbrachte einen großen Teil seines Lebens in Hamburg und ist dort um 1414 gestorben.

Der Passionsaltar, der sich heute in der Niedersächsischen Landesgalerie in Hannover befindet, zeigt neben mehreren Szenen aus der Leidensgeschichte Jesu auch die ‚Grablegung‘. Ein Goldgrund hinterlegt die Szene. Maria im Zentrum der Trauernden nimmt Abschied von ihrem Sohn. Sie beugt sich zu ihm hinunter und berührt sanft die Wunde seiner rechten Hand. Der jugendliche Johannes schaut schmerzerfüllt über ihre linke Schulter. Sein Nimbus hebt sich kaum vom goldenen Hintergrund ab. Von den Begleiterinnen Marias sind lediglich die Kopftücher, Heiligenscheine und Ausschnitte ihrer Gesichter zu sehen.

Die sterbliche Hülle Jesu wird in einen sehr prunkvollen Sarkophag gelegt. Nikodemus stützt mit ernstem Gesicht die in ein weißes Leintuch gewickelten Füße Christi. Josef von Arimathäa hält das Tuch am Kopfende. Geduldig sieht er zu Maria hin und wartet, bis sie sich von ihrem Sohn trennen kann.

Rätselhaft bleibt die Anwesenheit des Mannes in der roten Robe. Er steht zwar hinter Maria, doch wird seine Bedeutung durch seine Größe und Kleidung betont. Die kostbare Kopfbedeckung läßt eher an ein Birett denken, als an einen einfachen Hut. Es scheint, als sei er ein Priester, der Jesus vor der Grablegung mit den Spezereien aus dem goldenen Gefäß gesalbt hat und ihn nun mit erhobener rechter Hand segnet. Zu seiner Funktion als Priester paßt auch die Überdachung des Sarges, das an ein Ziborium erinnert. Auf der Tafel von Meister Bertram wird so der Sarkophag zum Altar, auf dem Christus leibhaftig gegenwärtig ist.

Birett: Kopfbedeckung katholischer Geistlicher mit vier abgerundeten Kanten und Ecken.
Ziborium: Bezeichnet sowohl ein Gehäuse zur Aufbewahrung von Hostien, als auch einen in Kirchen über dem Altar errichteten, von Säulen getragenen Überbau, der als Sinnbild für den Himmel die Bedeutung des Altars und der dort gefeierten Messe hervorheben soll.

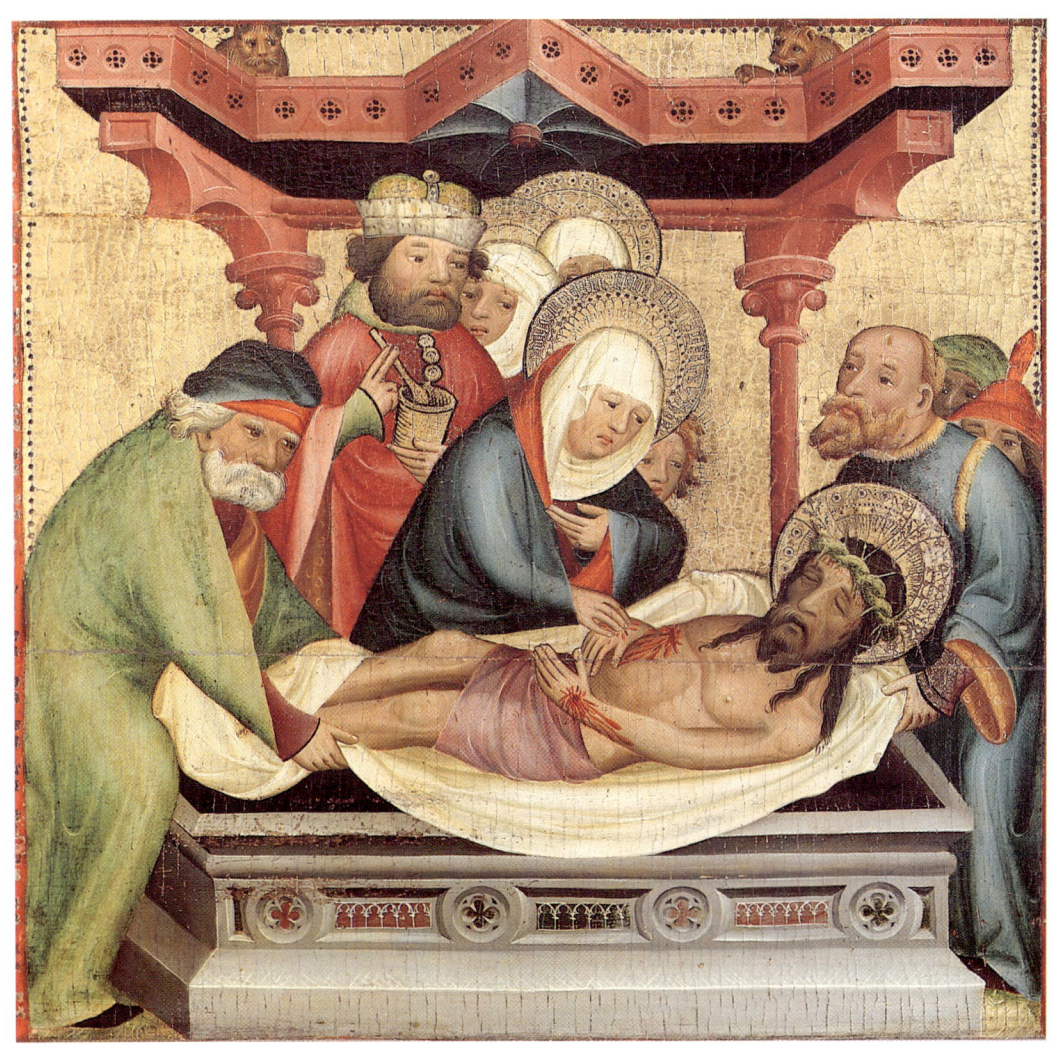

Bild 54
Grablegung *(um 1394)*
Meister Bertram (1340-1414/1415)
Holz, 124 x 114 cm
Hannover, Niedersächsisches Landesmuseum
Passionsaltar

HÖLLENFAHRT UND AUFERSTEHUNG

Höllenfahrt und Auferstehung gehören zwar nicht mehr zur Passion Jesu, diese findet aber darin Ihren Sinn und ihre Erfüllung. Deshalb ist dem Ostergeschehen am Ende dieses Buches ein eigenes, kurzes Kapitel gewidmet.

Die Höllenfahrt Jesu nach seinem Tod wird in der Bibel nicht direkt erwähnt. Sie ist aber im apokryphen Nikodemus-Evangelium ausführlich geschildert. Dort erzählen zwei der Auferstandenen, wie Jesus in die Hölle hinabfuhr, um die Gerechten des Alten Testaments aufzuerwecken und sie der Gewalt des Teufels zu entreißen. Zu den Geretteten zählen neben den Ureltern Adam und Eva meist die Propheten mit Johannes dem Täufer und die Könige David und Salomo. Seinen Engeln gab Jesus den Befehl, Satan zu fesseln und ihm so einen Teil seiner Macht zu nehmen, bis zur endgültigen Überwindung des Teufels bei der Wiederkehr Christi zum Weltgericht.

Vor allem die Ostkirche zeigt mit diesem Motiv den Triumph Jesu über den Tod und den Teufel. Im Westen hat dagegen der aus dem Grab aufsteigende Christus die weitaus größere Verbreitung gefunden und verdrängte seit dem 17. Jahrhundert die Höllenfahrt in der abendländischen Kunst nahezu ganz. Der Schwerpunkt verschob sich damit von der Überwindung des Teufels hin zum Sieg über den Tod.

HÖLLENFAHRT 1

Im Nikodemus-Evangelium wird berichtet, Jesus sei nach seinem Tod in die Hölle hinabgefahren, um die Gestorbenen aus der Hand Satans zu befreien. Dieses Evangelium wurde nicht in die Bibel aufgenommen, sondern gehört zu den Apokryphen. Der Kirchenvater Augustinus vertrat die Auffassung, diese Schriften enthielten zwar manches wahre, dennoch stehe ihnen wegen vieler Irrtümer keine verbindliche Glaubwürdigkeit zu. So ist es zu verstehen, daß die Höllenfahrt Christi mit den Worten „hinabgestiegen in das Reich des Todes" Aufnahme in das Glaubensbekenntnis gefunden hat, obwohl sie in der Bibel nicht erwähnt wird.

Das Motiv der Höllenfahrt wurde auf Ikonen häufig in der Art festgehalten, wie es das Beispiel vom Ende des 15. Jahrhunderts zeigt. Am oberen Bildrand ist in altkyrillischen Buchstaben der Titel ‚Höllenfahrt Jesu Christi' festgehalten.

Christus ist zwischen den steilen Felsen bis zum Hölleneingang hinabgestiegen und schwebt über dem schwarzen Abgrund. Eine dreifarbige Gloriole umgibt ihn und feine Strahlen gehen von seinem Körper aus. Unter seinen Füßen liegen in Kreuzform die Türflügel des Höllenportals. Adam, der Mitschuld daran trägt, daß der Tod auf Erden Macht über die Menschen gewinnen konnte, ist auf die Knie gefallen. Jesus hat ihn an der Hand gefaßt und zieht ihn zu sich herauf. Ihm gegenüber kniet Eva, die betend die verhüllten Hände erhoben hat und darauf wartet, ebenfalls erlöst zu werden.

Das Paar wird von Figuren aus dem Alten Testament begleitet. Auf Adams Seite befinden sich König David und sein Sohn Salomo. Hinter den beiden – von ihren Kronen teils verdeckt – stehen die Propheten Zacharias, Daniel mit einem kleinen, roten Hut und der langhaarige Johannes der Täufer. Bei Eva stehen unter anderem Mose mit den Gesetzestafeln und am rechten Rand ihr Sohn Abel.

Die Toten befinden sich über der offenen Höllenpforte, deren dunkler Schlund an ein weit aufgerissenes Maul erinnert. Im Rachen unter den rotglühenden Zähnen haben zwei Engel jeweils einen Teufel gepackt und bedrohen ihn mit ihrem langen Dreizack. In der relativ großen Hölle befinden sich noch ein Türschloß, mehrere Schlüssel, Nägel und Äxte.

So stellte der Künstler die Hölle besonders furchteinflößend und den Sieg Jesu über den Tod und den Teufel um so triumphierender dar.

> Gloriole: Heiligenschein, der nicht nur das Haupt, sondern die ganze Gestalt umfaßt.

Bild 55
Höllenfahrt Jesu Christi
(Ende 15. Jahrhundert)
entstanden in Vologda (?)
Tempera auf Holz, 125 x 74 cm
St. Petersburg, Staatl. Russisches Museum

127

HÖLLENFAHRT 2

Venedig, die nördlichste Hafenstadt an der Adria, pflegte seit dem frühen Mittelalter enge Kontakte mit Konstantinopel, dem heutigen Istanbul. Es ist daher nicht ungewöhnlich, daß die reiche italienische Handelsstadt mit San Marco, ihrem bedeutendsten sakralen Bauwerk, die Apostelkirche von Konstantinopel nachbaute. Beide Kirchen sind mit prunkvollen Mosaiken auf Goldgrund ausgeschmückt. Ein Mosaik mit ‚Jesus in der Vorhölle' ist in San Marco im Bogen zwischen der Himmelfahrts- und der Pfingstkuppel zu sehen.

Links steigen mehrere in weiße Leintücher gehüllte Männer aus ihren Sarkophagen, um mit erhobenen Händen Christus zu preisen. Ihnen gegenüber stehen, ebenfalls auf offenen Särgen, Johannes der Täufer, König David mit einer Schriftrolle und sein Sohn Salomo.

Vor der betenden Eva im roten Mantel zieht Christus Adam am Handgelenk aus dem Grab. Der Satan liegt zusammengekauert vor dem Hügel mit der offenen Höllenpforte und hält Adam noch am Fuß fest. Verstreute Nägel, Schlüssel und ein Türschloß symbolisieren das von Christus aufgeschlossene Totenreich. Die Flügel des Höllentors liegen gekreuzt übereinander.

Das Tragkreuz mit dem INRI-Schild über dem Querbalken und einer Stütze für die Füße dient Jesus hier nicht nur als Waffe, sondern auch als Zeichen seines Sieges über den Tod. An Händen und Füßen sind noch die Wundmale zu sehen, aber der Erlöser steht fest auf dem Teufel, den er mit starken Ketten gefesselt und ihm damit einen Teil seiner Macht genommen hat. Christus überragt entsprechend der Bedeutungsperspektive die übrigen Figuren. Sein goldenes Gewand greift die Farbe des Himmels auf und veranschaulicht seine Zugehörigkeit zur göttlichen Sphäre.

Damit die Gläubigen alles auch aus größerer Entfernung erkennen konnten, wurden die Figuren mit harten Konturen und Kontrasten gestaltet. Die meisten erscheinen dabei sehr bewegt. Vor allem bei den Auferstehenden links zeichnen sich an den Kleidern deutlich Knie und Hüften ab. Die Gewänder der Könige und des Johannes rechts von Jesus wirken dagegen betont gradlinig, was ihnen eine würdevolle Ausstrahlung verleiht.

Bild 56
Jesus in der Vorhölle *(13. Jahrhundert)*
Mosaik, Venedig, San Marco
Bogen zwischen der Himmelfahrts- und der Pfingstkuppel

AUFERSTEHUNG

Am nächsten Tag – es war der Sabbat – kamen die führenden Priester und die Pharisäer miteinander zu Pilatus und sagten: „Herr, uns ist eingefallen, daß dieser Schwindler, als er noch lebte, behauptet hat: ‚Nach drei Tagen werde ich vom Tod auferweckt werden.' Gib deshalb Anweisung, das Grab bis zum dritten Tag zu bewachen! Sonst könnten seine Jünger kommen, die Leiche stehlen und dann dem Volk erzählen: ‚Er ist vom Tod auferweckt worden.' Dieser letzte Betrug wäre dann noch schlimmer als alles andere vorher!" „Da habt ihr eine Wache", sagte Pilatus. „Geht und sichert das Grab, so gut ihr könnt." Sie gingen also zum Grab und versiegelten den Stein, der den Eingang zur Grabkammer verschloß. Die Wache half ihnen dabei und blieb am Grab zurück.
Matthäus 27,62-66

Der Maler Jan Joest van Kalkar wurde um 1460 in Wesel geboren. Er erhielt den Namenszusatz van Kalkar, nachdem er um 1508 sein Hauptwerk, die Flügelbilder des Hochaltars der Nicolaikirche in Kalkar, geschaffen hatte. Die Höllenfahrt und die Auferstehung Jesu hat der Künstler auf der Innenseite des rechten Schreinflügels zusammengefaßt.

Die Höllenfahrt nimmt rechts im Hintergrund einen kleinen Bildbereich in Anspruch. Dort zieht Christus wie in einer dunklen Vision Adam an der Hand aus dem ewigen Feuer. Auch Eva wartet auf ihre Befreiung aus der Hölle, die einer brennenden Burg gleicht. Der Teufel, der von der Kreuzesfahne Christi in die Tiefe gestoßen wird, erscheint als geflügelter Drache.

Das Hauptmotiv der Tafel ist aber die Auferstehung. Ohne Übergang erstrahlt neben dem Dunkel der Unterwelt der blaue Himmel des Ostermorgens. Im Vordergrund steht in einer felsigen Landschaft der Grabhügel, vor dem die schlafenden Wachen liegen. Der Kopf des linken Soldaten ist nach hinten gekippt und der Mund geöffnet, als würde er schnarchen. Die rechte Hand liegt locker auf seinem Schwert. An der Seite des anderen Bewachers hängt ein Horn mit Schießpulver für die Büchse, die er zwischen den Beinen hält. An der Tür zur Grabkammer lehnt außerdem eine gespannte Armbrust.

Obwohl die Höhle mit Siegeln verschlossen ist, schwebt Christus daraus hervor. Sein bis auf das Lendentuch unbekleideter Körper ist von einem wehenden, herrschaftlich roten Umhang umgeben. Die Rechte ist segnend erhoben, und in der linken Hand hält er die Kreuzesfahne, mit der er in der Vorhölle den Teufel vertrieben hat. Als Symbol des Triumphes über den Tod flattert der gespaltene Wimpel im Wind.

Ein hagerer Mann, der wie ein Narr in ein gestreiftes Hemd mit Glöckchen am Kragen gekleidet ist, rennt zutiefst erschrocken davon. Er könnte den besiegten Tod versinnbildlichen, denn sein fast kahles Haupt ähnelt einem Totenschädel. Neben seiner Panik wirkt die Ruhe Jesu, der den Flüchtenden gar nicht bemerkt, noch gelassener. Eine leise Bewegung seines Umhangs genügt, um den Tod zu vertreiben.

Bild 57
Die Auferstehung Christi *(1506/08)*
Jan Joest van Kalkar (um 1460-1519)
Holz, 107 x 86 cm, Kalkar, Nicolaikirche
Hochaltar, rechter Schreinflügel

Bild 58
Passion Christi *(um 1470)*
Hans Memling (um 1433-1494)
Öl auf Holz, 55 x 90 cm, Turin, Galleria Sabauda

133

Um das Finden der einzelnen Geschehnisse auf Memlings Altarbild (vergleiche Bild 58) zu erleichtern, wurden sie auf dieser Zeichnung mit Nummern versehen und aufgelistet.

Zu Hans Memling siehe auch Bild 46.

Um mehrere Szenen vom Leiden Jesu zusammenhängend zeigen zu können, schufen Künstler Passionsaltäre mit verschiedenen Stationen auf einzelnen Tafeln. Seit dem 15. Jahrhundert entstanden in den Niederlanden großformatige Altäre, auf denen die Passion wie eine Bildergeschichte in einem gemeinsamen Gemälde zusammengefaßt war. Um 1470 malte Hans Memling die ‚Passion Christi‘, die er in einer kompliziert angelegten Stadtlandschaft stattfinden ließ. Memlings hohes Interesse am Erzählerischen verband sich dabei mit seiner Fähigkeit, die Geschehnisse aufeinander zu beziehen. Die vielen Details und die oftmals dicht gedrängten Menschenmengen erschweren aber teilweise das Erfassen der Geschichte.

Memling begann in der linken oberen Ecke mit dem Einzug in Jerusalem. Die weiteren Ereignisse gruppierte er vor allem um den zentralen Platz. Szenen wie das Abendmahl, die Geißelung oder die Dornenkrönung und Verspottung finden im Inneren der prunkvollen Häuser statt, deren offene Fronten den Einblick ermöglichen. Das Gebet auf dem Ölberg und die Gefangennahme malte der Künstler dagegen vor den Stadtmauern am linken Bildrand, wo auch ein Stifter kniet. Gegenüber trägt Jesus das Kreuz auf seinem Weg nach Golgota. Die betende Frau am Rande soll vielleicht durch ihre Nähe zur Kreuztragung an die Heilige Veronika erinnern, sie gehört aber ebenfalls zu den Stiftern. Auf die Kreuzigung rechts oben folgt die Höllenfahrt und die Auferstehung. Memling schloß die Reihe ab mit der Begegnung Jesu als Gärtner mit Maria Magdalena (Johannes 20,15-16).

1	Einzug in Jerusalem	12	Handwaschung
2	Tempelreinigung	13	Kreuztragung
3	Auszahlung des Judas	14	Kreuzannagelung
4	Abendmahl	15	Kreuzigung
5	Gebet auf dem Ölberg	16	Kreuzabnahme
6	Gefangennahme mit Judaskuß	17	Grablegung
7	Verleugnung des Petrus	18	Höllenfahrt
8	Jesus vor Pilatus	19	Auferstehung
9	Geißelung	20	Jesus vor Maria Magdalena
10	Dornenkrönung und Verspottung	21	Stifter
11	Ecce Homo	22	Stifterin

Verzeichnis der erklärten Begriffe

Literaturnachweis

Die Evangelientexte sind der ‚Gute Nachricht Bibel‘, einer revidierten Fassung der ‚Bibel im heutigen Deutsch‘, Stuttgart 1997, entnommen. Die gemeinsame Bibelübersetzung entstand im Auftrag und in Verantwortung von: Deutsche Bibelgesellschaft (Evangelisches Bibelwerk), Katholisches Bibelwerk e.V. Stuttgart, Österreichische Bibelgesellschaft, Österreichisches Katholisches Bibelwerk, Schweizerische Bibelgesellschaft, Schweizerisches Katholisches Bibelwerk. Zitiert wurde auch aus der Bibel nach der Übersetzung Martin Luthers in der revidierten Fassung 1984, Stuttgart 1985.

Anmerkungen zu den Bibeltexten

Bei jeder neuen Bibelübersetzung stellt sich die Frage, ob altvertraute Bilder und Begriffe beibehalten, oder ob sie dem neuen Sprachgebrauch angepaßt bzw. durch Worte, die den Grundtext genauer wiedergeben, ersetzt werden sollen. Auch bei den für dieses Buch ausgewählten Versen aus der Bibel ‚Die gute Nachricht in heutigem Deutsch‘ am Anfang der Doppelseiten mußten solche Entscheidungen getroffen werden. Auf einige beispielhafte Änderungen sei nachfolgend hingewiesen.

Zu Seite 38: Die Einsetzung des Abendmahls hat Luther in allen drei synoptischen Evangelien (hier Matthäus 26,26 zitiert) annähernd gleich übersetzt mit:
„Als sie aber aßen, nahm Jesus das Brot, dankte und brach's und gab's den Jüngern und sprach: Nehmet, esset; das ist mein Leib."
In der Einheitsübersetzung heißt der Vers:
„Während des Mahls nahm Jesus das Brot und sprach den Lobpreis; dann brach er das Brot, reichte es seinen Jüngern und sagte: Nehmt und eßt; das ist mein Leib."
In der ‚Guten Nachricht‘ heißt es:
„Während der Mahlzeit nahm Jesus ein Brot und sprach das Segensgebet darüber, brach es in Stücke und gab es seinen Jüngern mit den Worten: Nehmt und eßt, das ist mein Leib!"

Zu Seite 42: Aus dem als Sprichwort in den Sprachgebrauch übernommenen „Der Geist ist willig, aber das Fleisch ist schwach" wurde in der ‚Guten Nachricht‘: „Der Geist in euch ist willig, aber eure menschliche Natur ist schwach." (Matthäus 26,41b).

An die Stelle der „Hohepriester" sind in der gesamten ‚Guten Nachricht‘ die „führenden Priester" getreten, und statt des „Hohenpriesters" heißt es nun der „Oberste Priester". Ebenso werden die „Schriftgelehrten" nun „Gesetzeslehrer" und die „Ältesten" teilweise „Ratsälteste" genannt.

In den Bilderläuterungen und Vorworten wurden einzelne Verse aus der Bibel nach der Übersetzung von Martin Luther in der revidierten Fassung von 1984 zitiert, wenn sie mehr dem allgemeinen Sprachgebrauch entsprechen als die aus der ‚Guten Nachricht‘ oder sich wegen der genaueren Übersetzung anboten.

Zu Seite 65 und 67: Ecce Homo (Johannes 19,4b) wird hier nach Luther mit „Sehet, welch ein Mensch!" übersetzt.

Zu Seite 80: Der lateinische Psalm 70 in der Buchmalerei (Bild 34) wird mit den Worten aus der ‚Guten Nachricht' „Gott rette mich, komm, hilf mir bald!" lediglich unvollständig übersetzt. Um dies zu vermeiden wurde Luther zitiert: „Eile, Gott, mich zu erretten, Herr, mir zu helfen!"

Die teilweise ungewohnte Schreibweise der Namen entspricht dem ‚Ökumenischen Verzeichnis der biblischen Eigennamen nach den Loccumer Richtlinien', herausgegeben von den katholischen Bischöfen Deutschlands, dem Rat der Evangelischen Kirche in Deutschland und der Deutschen Bibelgesellschaft (Evangelisches Bibelwerk), 2. Auflage, Stuttgart 1981. Dieses Verzeichnis wurde auch bei der ‚Guten Nachricht' verwendet.

Allgemeine Nachschlagewerke

Das große Lexikon der Malerei. Braunschweig 1982.

Die Legenda Aurea des Jacobus de Voragine. Übersetzt v. Richard Benz. Lizenzausgabe für die Wissenschaftliche Buchgesellschaft. Heidelberg 1997.

Dumonts Künstlerlexikon. Von der Antike bis zur Gegenwart. Hrsg. v. H. Read u.a. Köln 1997.

Jahn, Johannes: Wörterbuch der Kunst. Fortgeführt v. Wolfgang Haubenreisser. 10. Aufl. Stuttgart 1983.

Keller, Hiltgart L.: Reclams Lexikon der heiligen und der biblischen Gestalten. Legende und Darstellung in der bildenden Kunst. 7. Aufl. Stuttgart 1991.

Kindlers Malerei Lexikon. Hrsg. v. Hermain Bazin u.a. 15 Bde. München 1985.

Lexikon der christlichen Ikonographie (LCI). Hrsg. v. Engelbert Kirschbaum SJ in Zusammenarbeit mit Günter Bandmann, Wolfgang Braunfels u.a. 8 Bde. Freiburg i. Br., Rom, Basel und Wien 1968-1976, Neudruck Freiburg i. Br. 1990.

Lexikon der Kunst. Begründet v. Gerhard Strauss. Hrsg. v. Harald Olbrich. 7 Bde. Leipzig 1987-1994.

Lexikon für Theologie und Kirche. Begründet v. Michael Buchberger. Hrsg. v. Josef Höfer und Karl Rahner. 14 Bde. Sonderausgabe Freiburg i. Br. 1986.

Peisker, Carl Heinz: Neue Luther Evangelien-Synopse. Wuppertal und Kassel 1995.

Riese, Brigitte: Seemanns kleines Kunstlexikon. Leipzig 1994.

Einzeldarstellungen

Alcolea, Santiago: El Greco.
Recklinghausen 1993.

Ausstellungskatalog: Die Karlsruher
Passion. Ein Hauptwerk Straßburger
Malerei der Spätgotik. Karlsruhe 1996.

Ausstellungskatalog: München leuchtete.
Karl Caspar und die Erneuerung
christlicher Kunst in München um 1900.
Hrsg. v. Peter-Klaus Schuster. München
1984.

De Werd, Guido: St. Nicolai, Kalkar.
München o. J.

Dietrich, Dagmar: Ehemaliges
Augustiner-Chorherren-Stift Dießen am
Ammersee. 2. Aufl. München und Zürich
1986.

Hertz, Anselm: Fra Angelico. Freiburg i.
Br., Basel, Wien 1981.

Lightbown, Ronald: Sandro Botticelli.
Leben und Werk. München 1989.

Regler, Brigitte: Reuther. Ettal 1967.

San Marco. Die Mosaiken, das Licht, die
Geschichte. Texte v. Otto Demus,
Wladimiro Dorigo, Antonio Niero, u.a.
München 1993.

Schulze, Ingrid: Der Westlettner des
Naumburger Doms. Das Portal als
Gleichnis. Frankfurt a. M. 1995.

Fachliteratur

Neutestamentliche Apokryphen. Bd. 1
Evangelien. Begründet v. Edgar
Hennecke, Hrsg. v. Wilhelm
Schneemelcher. 6. Aufl. Tübingen 1990.

Daniel-Rops, Henri: Die Umwelt Jesu.
Der Alltag in Palästina vor 2000 Jahren.
München 1980.

Weidinger, Erich: Die Apokryphen.
Verborgene Bücher der Bibel.
Aschaffenburg 1985.

Bildnachweis

Inhalt